周蓓 主編

專題史叢書

中國國民兵役史略

劉曉桑 著

敘述中國自黃帝至清代八旗的國民兵役制度史，分爲萌芽期、成熟期、絕續期、復興期和衰退期

河南人民出版社

圖書在版編目(CIP)數據

中國國民兵役史略 / 劉曉桑著. —鄭州 : 河南人民出版社, 2016. 4(2017. 7 重印)
(專題史叢書 / 周蓓主編)
ISBN 978 - 7 - 215 - 10071 - 8

Ⅰ. ①中… Ⅱ. ①劉… Ⅲ. ①兵役制度 - 軍事史 - 中國 - 古代 Ⅳ. ①E265

中國版本圖書館 CIP 數據核字(2016)第 077603 號

河南人民出版社出版發行
(地址 : 鄭州市經五路 66 號　郵政編碼 : 450002　電話 : 65788063)
新華書店經銷　河南新華印刷集團有限公司印刷
開本 710 毫米 × 1000 毫米　1 / 16　印張 8. 25
字數 120 千字
2016 年 4 月第 1 版　2017 年 7 月第 4 次印刷

定價 : 54. 00 圓

出版前言

中國現代學術體系是在晚清西學東漸的大潮中逐步形成的。至民國初建，中央政治權威進一步分散和削弱，加之新文化運動帶給國人思想上的空前解放，新學的啓蒙，新知識分子的産生，民國學術如草長鶯飛，進入一個自由而蓬勃的時代。中國傳統學科乃中國學術之根基與菁華所在，民國學人采用『取今復古，别立新宗』之方法，引入西方的學術觀念，積極改造，使史學、文學等學科向現代學術方向轉型。此外，大力推介西方社會科學的新學科和自然科學，在學習、借鑒乃至移植西方現代學術話語和研究範式的過程中，逐漸建立中國現代學科，使中國的學科門類迅速擴展。一時間，新舊更迭，中西交流，百花齊放，萬壑争流，開創了中國現代學術的源頭。

伴隨知識轉型和研究範式轉换而來的，還有學術著作撰寫方式的創新。中國古代的著作向來以單篇流傳，經後人整理匯編後，方以成册成集的面目出現并持續傳播。直到十九世紀末，東西方的歷史編撰體裁不外乎多卷本的編年體、紀傳體和紀事本末體等，章節體的出現標志着近代西方學術規範的産生和新史學的興起。章節體具有依時間順序，按章節編排；因事立題，分篇綜論；既分門别類，又綜合通貫的特點。以章、節搭建起論述之框架，結構分明，邏輯清晰，較傳統的撰寫體裁容量大、系統性强。它的傳入，使中國現代學術體系從内容到形式被納入了全球化的軌道。民國時期專題史的研究、譯介、編纂、出版恰恰是在這樣的背景下欣欣而發，是學術的實驗場，也是歷史的記録儀。編選『民國專題史』叢書的初衷正是爲了從一個側面展示中國學術從傳統向現代過渡的歷史進程。

專題史是對一個學科歷史的總結，是學科入門的必備和學科研究的基礎，也是對一個時代艱深新鋭問題的解答，是學術研究的高點。民國專題史著作中，既包含通論某一學科全部或一時代（區域、國别）的變化過程的，又囊括對一時代或一問題作特殊研究的，還有少部分是對某一專題的史料進行收集的。原創與翻譯并重，翻譯的底本大多選擇該學科的代表著作或歐美大學普及教本，兼顧權威性和流行性，其中日本學者的論著占據了相當比重。日本與中國同屬東亞儒家文化圈，他們在接納西方學術思想和研究模式時，已作了某種消化與調適，從思維轉換的角度看，更便于中國借鑒和利用，他們的著作因而被時人廣泛引進。

與當代學術研究日趨專業化、專門化、專家化的『窄化』道路迥乎不同的是，中國傳統學術崇尚『學問主通不主專，貴通人不尚專家』的通識型治學門徑，處于過渡轉型期的民國學術在不同程度上保留了這種特徵。民國學術大師諸學科貫通一脉，上千年縱橫捭闔之功力自不待冗言，外交家著倫理政治史、文學家著哲學史、化學家著戰争史等亦不乏其人，民國專題史研究呈現出開放、融通、跨界撰述的特點。與此同時必須看到，自晚清以來，中國的命運就在外侮屢犯、内亂頻仍的窘境中跌宕彷徨，民族存亡仿若命懸一綫。這股以創建學科、總結經驗、解决問題爲指歸的專題史出版風潮背後，包裹着民國學人企望以西學爲工具拯民族于衰微的探索精神，及以學術救亡的愛國之心。梁任公曾言：『史學者，學問之最博大而最切要者也，國民之明鏡也，愛國心之源泉也。』這種位卑未敢忘憂國的歷史使命感和國民意識是今人無法漠視和遺忘的。

『民國專題史』叢書收録的範圍包括現代各個學科，不僅限于人文社會科學，學科分類以《民國總書目》的分科爲標準，計有哲學、宗教、社會、政治、法律、軍事、經濟、文化、藝術、教育、語言文字、中國文學、外國文學、中國歷史、西方史、自然科學、醫學、工業、交通共19個學科門類。本叢書分輯整理出版，内不分科，單本發行，方便讀者按需索驥。既可作爲大專院校圖書館、學術研究機構館藏之必備資源，也可滿足個人研讀或興趣之收藏。

與目前市場已有的一些專題史叢書相比，『民國專題史』叢書具有規模大、學科全、選本精、原版影印的特點。本叢書選目首重作者的首創、權威和著作影響力，尤其注重選本的稀見性。所謂稀見，即建國後没有再版，且多數圖書館没有收藏，或即便有收藏，也是歸于非公開的珍本之列予以保存，普通讀者難以借閲。部分圖書雖有電子版，但作爲學術研究的經典原著讀本，紙質版本更利于記憶和研究之用。本叢書精揀版本最早、品相最佳的原版圖書作爲底本，因而還具有很高的版本收藏價值。

『民國專題史』的著作是民國學者對于那個時代諸問題之探究，往往有獨到之處，無論其資料、觀點短長得失如何，要之在中國現代學術史的構建與發展進程中，自有其開宗立論之地位。

自序

徵兵制優於募兵制；凡是明白事理的人，都能說明理由。現時中國要以長期的大兵員運動來救亡圖存，更非行徵兵制不可；凡是明瞭國情和敵情的人，也都能說明理由。可是，在不安定的政治環境之下，則徵兵實足愈使政局趨於紛擾。甚麼是政治不安定呢？軍閥割據於上，盜賊竊發於下；像袁世凱當道以後，直至國民政府統一中國以前，便無日不在不安定的政治狀態中。軍閥割據，若他能以徵兵來做盛大的爪牙，其爲亂當然會更厲害，盜賊竊發，若脅誘曾受軍訓的羣衆盲從起來，其爲亂當然也會更厲害。

杜煐的軍事學通論上說：

『中國軍事學家每倡徵兵之議；道路宣傳，亦多此調。然著者對於徵兵原理尚能贊同；惟實施於今日之中國，則萬不可。……現在實行徵兵，不特不足以救亡，反使百萬健兒死於內爭，適足以促短中國之命運也。』（太原版頁四六）

司馬光奏罷保甲，說：

『今籍民二丁取一以爲保甲，授以弓矢，教之戰陣，是使民半爲兵也。……使比屋習戰，勸以官賞，是教民爲盜也。』（宋史）

杜煐是爲顧慮軍閥割據而不敢主張徵兵，司馬光是爲顧慮盜賊竊發而不願實施徵兵，各人也都據有一面的理由。但是因噎廢食，終究不是辦法。爲今之計：徵兵制是勢在必行，而政治的不安定也要防止。其防止的方法，就是普遍喚起國人的『民族之國家』的觀念，而確認國家高於一切。一方面由於人們的愛國心的自覺，自然不願走上軍閥盜賊的道路；一方面以國民愛國心所形成的廣大勢力監督着社會，使其無由再有軍閥和盜賊制度的存在。

『愛國』，在超時代的解釋之下，也許是不當。但至少在二十世紀，還依舊其歷史的發展而爲最最需要的道德。姑就所謂思想上的兩大壁壘——其實目前世界祇有利益的壁壘，沒有思想的壁壘——來說：一面像德國那樣自誇日耳曼民族的優秀，像英國那樣高抬不列顛帝國的尊嚴，像美國那樣頌揚十三州獨立的光榮，像法國那樣推崇拿破崙時代的武功……都是在有形無形地獎勵愛國。另一面則蘇俄勞農憲法第十九條，和蘇俄共和國憲法第十條，規定國民義務兵役說：『爲極力擁護偉大勞農革命的成果，對於保持蘇俄聯邦社會主義的祖國，是認爲全體國民的義務。……』不也是在獎勵愛國嗎？

中國當前的革命運動，是以『世界大同』爲最終的目標，而以『民族主義』爲出發的基點。所以現時中國人的愛國，應有兩個異於英美諸國而又不盡同於蘇俄的特徵——

一、依於世界大同的營求，我們愛國便有如拉瑪丁(Larmartine)所說：

『不正確的愛國主義，是自國對於別國的一切都是怨恨的，偏憎的，忌妒的。正確的呢？卻是包含人類所有的理性，美德與權益；它尊重自國，而其博愛卻又不限於種族、語言、國界。』(Larmartine, Quoted in F. J. Scott; "The Menace of Nationalism in Education," P. 79.)

二、依於民族主義的教義，我們愛國便有如赫茲(Hayes)教授所說：

『愛國觀念……對於羣性的發展有推進的效能。近代民族國家之被人重視，就是這種觀念所發生的偉大力量。現在這個名詞，是和「忠於民族」或「忠於民族的國家」的意義沒有差別了。』(C. J. Hayes, "Essays on Nationalism." P. 251.)

從上述兩個特徵看來，前者是主張對外共存，後者是主張對內自存；兩者合併起來，就說明了中國國民黨國民政府現時的全部國家政策。所以，我們在當前民族反帝國主義鬬爭中，提出『國家高於一切』的愛國口號來，不單祇是宣示了中華民族的自力生存，而是同時宣示了中華民族爲世界和平而奮鬬。這，能視爲不當嗎？

這裏，我想再引描著政治學概要（民十六在粵印發之講義）的一段，來說明超時代地解釋『愛國』之不合理：

『一羣漂泊無定的游民，不能成一國家。上古時代的游行部落，也不能算是國家。到了人民有一定的居住地方，並且因爲經濟的關係而發生社會各生活層的制度時，他們才有政治組織，才建立爲國家。政治與國家，都是基立於社會各層制度之上；政治是這一社會層統治另一社會層的手術，國家就是施行這種手術的工具。社會各層制度不是固有和永存的，則政治與國家也不是固有和永存的，此理甚明。

『摩爾根（Morgan）說：「假定人類的生命到現在有十萬年，大約其中有九萬五千年是原人社會制度時代。」若照孫中山先生民權主義第一講所說：「地質學家由石層研究起來，考查得人類遺跡憑據的石頭，有兩百萬年。」則這兩百萬年當中，起碼有一百九十九萬五千年是原人社會。在那長時間的原人社會裏，祇看見氏族或家庭的自然經濟，並沒有甚麼政治和國家。到將來大同世界——新社會主義制度實現的時候，雖有一管理衆人之事」的機關，但那絕不是像現在這樣基立於社會各層制度上的國家政治機關，而是支配土地、勞力、資本，和管理生產、分配、消費，一種社會經濟機關；因爲那時國家和政治的基礎——社會各層制度已經消滅了。

『可是，我們不可忽略：原人社會幻滅以後，大同世界出現之前，中間有個很長的時間，一幅世界地圖劃成了許多不同的顏色塊，相互猜忌着，鬭爭着——爲保持或擴大其顏色塊而相互猜忌鬭爭；甚至於爲爭取大同制度而努力的人們，當其由一個顏色塊以向其他顏色塊運動的時候，也不能否認猜忌鬭爭的必要。因是，這長時間中的第一神聖者，便是國家。顯言之：資產社會層統治勞苦社會層，或勞苦社會層統治資產社會層，同樣需要至高無上的國家權力以爲工具。蘇俄之不顧海參崴染成日本的顏色塊，也正與日本不顧朝鮮染成蘇俄的顏色塊，是半斤八兩的。

『我們現在的時期，正是以國家爲第一神聖的時期。所以任我們如何否定國家的固有與永存，但大同世界尚未實現，則每個中國人必不可否認「中華民國」的權力之至高無上。否則，我們將成爲無所依附的孤臣孽子；雖有美滿的想像，也終於是個所謂「烏托邦」而已。』

愛國是最最需要的道德，至少現時代不能說是不當；這些，我們都知道了。其次；就要問到：愛國心怎樣會有消滅軍閥與盜賊的功能呢？依罕堅斯（Hankins）教授所說：愛國心的力量，能合治一切一切不相倫類的東西於一爐以對外。那當中，能改善極不好的人，能消失極不好的制度。另一方面，則平時最神聖而最權威的自由論，也將在那爐中鑄成一塊不自由的鐵，而有被國家用以轟炸敵人的可能。這樣，自然也會看不見軍閥和盜賊的殘影了——

『愛國心，是對於國家的忠愛，並有實際致力於擁護國家的意義。這種情感是無論何人都能感覺到的；特別是在國家危難的時候，我們這種情感更發生得快。固然，有許多情感都能使人衝動而奮起；但總不及愛國心這樣有力。它能使國內種種生活不同的人都一致衝動而奮起，別的社會力量那有這樣偉大的呢？它能使一般人擱下通常瑣碎的營生，卻願意去特別壯烈地效死——懶惰的人會勤奮起來；桀驁的人會馴良起來；吝嗇的人會慷慨起來；怯懦的人會勇敢起來；平日庸庸碌碌的人們，會生起出類拔萃的思想；平日鬼鬼祟祟的社會，也會表現救亡圖存的熱誠。有它在前面籠罩着，國人間的爭執爲之消失，政黨與階級間的衝突爲之泯滅，宗教、社會地位、乃至種族間的差異也爲之隱藏下去。這種局面當中，祇聽見領袖說話；而國民則惟有大家心悅誠服地絕對受命於領袖，以身供國家祭壇的犧牲。非領袖而說話，縱然有理，也是沒理；素來愛說話，以眞理與別人論戰，而被稱爲理直氣壯的辯士，這時也應閉着嘴以靜聽領袖之命，否則就會遭愛國大衆的囚繫。言論、出版、集會、結社……等等自由的人權，固然是民主國家的天經地義，平時受着國民的熱烈擁護，並以之誇耀於世界；這時不但用不着，反而被愛國大衆視爲國家安全的障礙。容忍退讓的美德，自由主義的創作，這時都爲人所唾棄了。各種社會制度都成了統制的；各種報紙雜誌的論調都成了一致的；教會、祕密團體、一切社會機關，都成了愛國的播音機。這些整齊嚴肅的現象，都出乎烏托邦的社會主義者的意料之外。』（Hankins, Quoted in H.E, Barnes, "History and Social Intelligence" P. 156.)

罕堅斯教授的話，並沒有任何神祕的部分；它如同一面鏡子，祇忠忠實實地把愛國心的功能照見得毫無遺恨。於是，我們來談到徵兵制度，便可得到如下各項的堅確認識：

一、國民兵役義務平等，無階級之分，才合乎國民愛國的天職。爲着國家，大家擱下通常瑣碎的營生，而去壯烈地效死，是千該萬該的。軍閥盜賊當然也應拋棄其不良的營生，反過來效死於國家。

二、輪流受訓的兵丁遍於全國，戰時才可得巨大的兵力以保衛國家。此項兵力，不許軍閥掠奪，不許盜賊分散；誰來掠奪或分散，就應遭愛國大衆的制裁。

三、軍閥是分裂國家，盜賊是破壞國家秩序，都是授帝國主義以侵略的機會。爲着不讓帝國主義侵略我們的國家，就有剷除軍閥和盜賊的必要。此項責任，正在我們受過軍訓的國民的肩上。

四、徵兵都是有身家產業的良民，在營如不被威脅則不會跟從軍閥作亂，歸休如不被誘惑則不會跟從盜賊作亂；在普遍而高亢的愛國心支配之下，一方面是沒有人來威脅和誘惑，他方面是威脅誘惑都一概沒有用處。

當然，剷除軍閥，必須肅清封建思想；剷除盜賊，必須樹立廉潔政治。但，封建思想惟有用愛國心去代替它，才能肅清；廉潔政治惟有用愛國心去造就它，才能樹立。所以，要徵兵制行之有百利而無一弊，最要緊的還是普遍喚起國人的『民族之國家』的觀念。

民國二十八年九月十八日劉曉彙於蓮華新村

目次

附錄……九〇

中國國民兵役史略

一　引言

從前之戰爭，爲軍隊與軍隊戰，軍力與軍力戰；能殲滅其軍隊，消耗其軍力，卽能屈服其國家。現代之戰爭，爲國民與國民戰，國力與國力戰；苟不能盡殺其國民，盡灰其國力，卽不能屈服其國家。從前戰爭之範圍小，每可計期以收功；司馬仲達之算公孫淵，是爲一例。現代戰爭之範圍大，不能預期其必勝；在第一次世界大戰中，以德意志之威力而不能覆滅比利時，是爲一例。故欲立國於現代，非有絕對廣大之兵員，以備任何長期之徵調，則不爲功。孫子所謂『不戰而屈人之兵』者，亦必環甲億萬，徧佈四境，示人以不可侮，而後不落空談。於是則徵兵尙矣，國民兵役尙矣。

第一次世界大戰時：德國人口六千萬，作戰之兵則七百萬；法國人口四千二百萬，作戰之兵則四百萬；此皆徵兵之效果。且戰後復加以相當時間之整訓，其總兵額更爲增進。他如英意俄日諸國亦然。此皆與吾人同立於現代地球上之國家，相互以軍備競爭爲自存之保障者，此類事實豈吾人所可忽視乎？

（附表一）現代列強平時戰時兵額比較表

國	常備額	預備額	後備額	總額約數	平戰比
法	六七萬	五〇〇萬	六〇萬	六三〇萬	一比九強
德	一〇萬		八六〇萬	八七〇萬	一比八七
英	二八萬	三二萬	六五〇萬	七〇〇萬	一比二五
意	三五萬	三〇〇萬	二〇〇萬	五三四萬	一比一五強
俄	六六萬	五〇〇萬	七八〇萬	一四〇〇萬	一比二一強
日	二三萬	二〇〇萬	五〇〇萬	七二〇萬	一比三一強

各國以國民全數十分之一服兵役，乃最平常之事，以例吾國，則人口五萬萬，作戰之兵可得五千萬；使果有五千萬人可以上馬殺敵，豈有九一八以來之奇禍巨恥乎？日本常備兵不過十七師團，約爲二十三萬人；經我抗戰之後，彼已動員四百萬人矣。敵以徵兵，我以募兵；敵之兵員不竭，我之兵員有限；戰爭延長，勝負之數豈待筮龜？故我不得不急起直追，亦厲行徵兵之制。是不僅可御目前之敵，且可制萬世之利；當務之急，無踰於此者

環顧世界之行徵兵制者：普魯士在拿破崙戰爭之敗以後，法蘭西在普法戰爭之敗以後，奧地利在普奧戰爭之敗以後，土耳其在土希戰爭之敗以後，多難興邦，殷憂啓聖，三人行其必有

我師矣。至美俄意日諸國，或取鑒於友邦之隆，或有憂於隣國之大，類皆大勢所趨，不得不爾；況中國憂患日深，又烏可自已也耶？

中國國民黨自第一次全國代表大會宣佈對內政策第七條『將現時募兵制度漸改爲徵兵制度』以來，國民政府夙興夜寐，必欲促其實現。其雙管齊下者，爲保甲運動與國民軍訓運動。蓋兵徵於民，無保甲卽不能知民之數，亦卽不能知兵之數；民咸爲兵，無國民軍訓卽無以致兵之教，亦卽無以致民之教。其行也漸，而國人猶有駭然而驚者，以爲從來所無之事而遽有之，以爲模仿外國而不得一當。嗟乎！徵兵豈中國從來所無之事耶？豈果模仿外國而無當者耶？吾於是發憤爲中國國民兵役史略，將以徧告我五萬萬同胞，俾知所返焉。

中國之有史，起於黃帝；中國之徵兵，亦起於黃帝。三代漢唐，其制未墮；至宋以後，乃衰落耳。張說摧毀唐代府兵之制，爲玄宗開元十年，民國紀元前千一百九十年；其後兵由召募，率爲游民罪徒之所集，遂不齒於齊民。加以帝王粉飾太平，重文輕武，一方則曰『滿朝朱紫貴，盡是讀書人』，一方則曰『好鐵不打釘，好兒不當兵』，而兵之地位益輕賤矣。積千二百餘年以來，成爲國人一種堅定之倫理觀念，但知兵爲無賴之役而已，詎復憶祖宗有齊民皆兵之典制哉？管仲作軌里以寄軍令，而民不怨者，周時之人視兵役爲當然，故安之；王安石作保甲以制鄉兵，而民小擾者，宋時之人視兵役爲不當，故不安之。宋去唐未遠，民已不安於兵役；今去唐千餘年，則國人之聞徵兵乃駭然而驚者，亦固人情之可諒也。人情之不可諒，則以法繩之，人情之可諒，則以事理曉之。然則吾書之作，容可已乎？

自黃帝以還，中國之國民兵役制度，已經歷如下之五大時期：

夏殷以前，爲萌芽時期；一也。

周代爲成熟時期；二也。

兩漢六朝爲絕續時期；三也。

唐代爲復興時期；四也。

宋元明淸爲衰落時期；五也。

吾書卽依此五時期之劃分而敍述之。第吾有當聲明者：成熟時期係指周禮典制而言，春秋戰國則附之者也；復興時期係指府兵之法而言，開元天寶以後則附之者也。書雖近於通史，而不脫班氏斷代之體者，則政治演變之系統有然，而羣書參考之便利亦有然也。

二　中國國民兵役制度之萌芽時期

原始人類，摘果、捕魚、殺獸、以為生活。凡取火、伐樹、造石斧、作弓箭、編織籃筐、逐水草為遊牧，皆人人共任之工作。是人與天鬬，人與獸鬬，無在而不為戰士，其後人口加多，而生產有限，於是同一血族，因爭食而發生內部之衝突；此血族與彼血族，昔之老死不相往來者，亦因爭食與爭種地牧地而發生外部之衝突。是人與人鬬，又無在而不為戰士；其免役緩役之可想而見者，免役僅限於老廢，緩役僅限於幼弱及婦女姙育而已。故國民兵役，實為人類一種先天狀態，不能視為民族主義者之創說，或國家主義者之曲制也。

吾前之講學幽燕，後之司教湖湘，輒以是說為諸生進，有疑若霍布斯（Hobbes）之以人類互相敵視（Bellum omnium contra omnis）為始態者，吾語之曰：哲學上之爭論，昨非今是，入主出奴，但有相對之見智見仁，斷無絕對之唯聖唯法；則霍布斯以自衛自存為人生之究極目的，自有彼所持以自圓其說之理由，亦何必厚非？然謂吾說必出於霍布斯則良誣，盍取達爾文(Darwin)之書而互證之！

至於國民兵役之由原始狀態而進於具體之制度，則世界實始於中國，中國實始於黃帝有熊氏。史稱其『畫野分州，經土設井』。外紀曰：『帝內行刀鋸，外用甲兵，制陣法，設旗旄。

天下有不順者，從而征之；平者，去之。披山通道，未嘗寧居。東至於海，西至於崆峒，南至於江，北逐葷鬻，合符釜山，而邑於涿鹿之阿。遷徙無常處，以師兵爲營衞。於是畫野分州，得百里之國萬區。……遂經土設井，以塞爭端；立步制畝，以防不足。使八家爲井；井開四道，而分八宅。井一爲隣，隣三爲朋，朋三爲里，里五爲邑，邑十爲都，都十爲師，師十爲州。分之於井，而計於州，則地著而數詳。』蓋黃帝之前，中國未一，部落分列，各據小地；伏羲神農，皆部落之長，非一統之君也。地小則民寡，民寡則令簡；故部落之兵，一呼而集，無需於繁難之制度。迨黃帝興，三戰榆岡於阪泉而勝之，復戰蚩尤於涿鹿而誅之。榆岡蚩尤皆多有諸侯；雄長既除，諸部懾服，故黃帝被尊爲天子，而統一之局始成。其地東盡海以西，南跨江以至交趾，西越黨河以出陽關，北向上都而有灤河。地廣人衆，不有定法以資公守，安能收臂指發縱之效？需要所在，遂成黃帝國民兵役之法，亦社會進化之定理也。

其法分民於井，使著地而不遷，則徵之無所逃；計民於州，使詳數而常登，則徵之無所漏。家一夫，井八夫，朋二十四夫，里七十二夫，邑三百六十夫，都三千六百夫，二都當諸侯百里之國，爲七千二百夫；然徵僅什一，更番又另什一，不欲以戰疲民且害農也。若天子之兵，則都十爲師，什一三千六百夫，師官領之；師十爲州，什一三萬六千夫，州官領之。州官者，司徒祝融或司馬大封之所理。諸侯車十乘，馬四十四，牛一百二十頭；天子車五百乘，馬二千四，牛六千頭。皆民自擕之來，數爲二邑一車，一邑二馬六牛。凡此法度，與周禮所載甸賦之制略同，可見周制實彷於黃帝，非盡文武周公之創作。有事則徵而用之，罷乃遣去；無事亦以時徵而教之，畢乃遣去。平居十里以內，兩邑相聯以自衛，曰『車守』，蓋言每徵必二邑共一車也。百里以內，兩都相聯以自衛，曰『國守』，蓋言每諸侯國皆二都也 邊鄙之區，五百里內，五國相聯以自衛，曰『師守』，蓋言十都為師也。自衛之兵，井出一夫，三月更替；合諸車守為國守，合諸國守為師守，並非同時數徵。其天子諸侯無扈從，京師國都無禁旅，黃邦雍睦，吾圉已固，則不必濫費民力也。

（附表二）黃帝時國民兵役表

區別	夫數	戰時徵兵	牛馬車乘	平時守兵（三月更替一次）	領兵官
鄰（一井為鄰）	八夫			一夫	鄰長
朋（三鄰為朋）	二十四夫			三夫	朋長
里（三朋為里）	七十二夫			九夫	里正
邑（五里為邑）	三百六十夫	三十六夫	二馬、六牛	四十五夫	邑長
二邑	七百二十夫	七十二夫	一車、四馬、十二牛	九十夫（是為車守之兵）	車守
都（十邑為都）	三千六百夫	三百六十夫	五車、二十馬、六十牛	四百五十夫	都師
二都（為國）	七千二百夫	七百二十夫	十車、四十馬、一百二十牛	九百夫（是為國守之兵）	諸侯

師（十都爲師）	三萬六千夫	三千六百夫	五十車、二百馬、六百牛	四千五百夫（是爲師守之兵）	師官（小司徒或小司馬兼）
州（十師爲州）	三十六萬夫	三萬六千夫	五百車、二千馬、六千牛		州官（司徒或司馬兼）

杜佑通典謂黃帝分井計州之法，『迄乎夏殷，不易其制』。此大概言之，非絕對一成不變。且依政治推進之跡，亦斷無膠柱可以鼓瑟之理。惟軍中戰具之屬並徵於民，則誠歷於三代而不渝；所以然者，兵農合一，其勢隨之耳。出則兵，居則農，而戰攻守禦之道，卽亦盡於農事。耒耜者，其行馬蒺藜也；輪轅車輿者，其營壘蔽衞也；鋤耰之具，其矛戟也；策篩簑笠者，其甲冑干櫓也；钁鍤斧鋸杵臼，其攻城器也；牛馬，所以轉輸糧也；雞犬，其伺候也；婦人織紝，其旌旗也；丈夫平壤，其攻城也；春鏺草棘，其戰車騎也；夏耨田疇，其戰步兵也；秋刈禾薪，其糧食儲備也；冬實倉廩，其室守也；田里相鄰朋，其約束符信也；里正、邑士、都師，其將帥也；井有四道，里有周垣，不得相過，其隊分也；輸粟取芻，其兵庫也；春秋治城郭，修溝渠，其塹壘也。故用兵之具，盡於農事。善爲國者，必使遂其六畜，闢其田野，究其處所，丈夫治田有畝數，婦人織絲有尺度；則耕器具而戰器備，農事習而戰功純矣。周禮謂均人『均人民牛馬車輦之力政』，亦本於黃帝之教。均之之至，富不集於其私，民不疲於所供，而軍器以備，國力以充；其功用之宏，不賢於今之國家社會主義(State Socialism)乎哉？堯之時，洪水橫流，放浪於天下；獸跡鳥跡之道，交於中國。如是九年，桑田而滄海者不

可勝計，民死不盡者流無定；遂井壞而地不著，州毀而數不詳，黃帝之制以敗。命禹平水土，別九州，然後再聚其民，定墾地九百一十萬八千二百頃。至舜時，禹既如大禹謨所謂『攝政總師』，乃握兵農之事，漸開夏后氏四百餘年之政。

其地之廣，書史皆謂：『天子之國以外五百里甸服，甸服外五百里侯服，侯服外五百里綏服，綏服外五百里要服，要服外五百里荒服；東漸於海，西被於流沙，朔、南、暨。』劃地每方里四百五十畝，以授九夫，共一井。方十里四萬五千畝，授九百夫，共百井，是爲一成。方百里四百五十萬畝，授九萬夫，共萬井，是爲一同。方五百里萬一千二百五十萬畝，授二百二十五萬夫，共二十五萬井，是爲一服。其賦五十而貢，其夫什一而徵。故成徵九十人曰旅，同徵九千人曰師，服征二十二萬五千人而配之六軍。軍者、天子之兵，有事徵之：師者、諸侯之兵，守境徵之；旅者、地方守望之兵，經常徵之：此夏代國民兵役之概略也。

（附表三）夏代國民兵役表

土地	井數	田畝	夫數	徵兵數	田名	兵名	領兵者
		五十畝	一夫				
方一里	一井	四百五十畝	九夫				
方十里	百井	四萬五千畝	九百夫	九十夫	一成	一旅	

方百里	萬井	四百五十萬畝	九萬夫	九千夫	一同	一師	諸侯
方五百里	二十五萬井	一萬一千二百五十萬畝	二百二十五萬夫	二十二萬五千夫	一服（甸侯綏要荒）	六軍	天子六卿

夏啓之際，有扈氏不服；啓伐之，大戰於甘。將戰，作甘誓，乃召六卿申之——啓曰：『嗟六事之人！予誓告女：有扈氏威侮五行，怠棄三正，天用勦絕其命，今予維共行天之罰。左不攻於左，右不攻於右，女不共命！御非其馬之政，女不共命！……』孔安國謂：『天子六軍，其將皆命卿。各有軍事，故曰六事。』周禮六軍之制，蓋承於此。鄭玄謂甘誓所言左右，卽車左車右；則六軍之用，自始殊不簡矣。其兵二十餘萬，六之亦每軍得三萬七千餘人，較周鄉遂正軍副倅之和爲猶多；然徵有時而用有方，將不以爲煩，民不以爲苦也。

其後太康盤於遊田，徵民不時，遂壞農事，卒失其國。中康帝相，徒擁虛器；逆澆之禍，夏社已墟。少康之徵，伍子胥謂其『逃奔有虞……而邑諸綸，有田一成，有衆一旅』；則綸地不過方十里，徵兵不過九十夫。然少康實有衆五百；則后羿寒浞之亂，民多流亡，皆撫而有之，卽子胥所謂『以收夏衆』者也。若以爲方十里之地，而徵兵五百，過九百夫之半，則三代無是法，賢者無是政也。少康中興以後，孔甲淫而諸侯一畔，桀暴而諸侯再畔，於是五服之衆，率就徵於商湯。

湯初爲夏方伯，得專征伐，一徵諸侯兵以討葛伯，再徵諸侯兵以討昆吾，俱以師名，未嘗稱軍，其仍夏制不敢僭可知。其伐夏也，布於衆曰：『我君不恤我衆，舍我嗇事而割政。』孔安國解爲『奪民農功而爲割剝之政』。足見夏之末造，大禹五十而貢、什一而徵之制已壞。故鳴條傳捷之後，湯不得不改制，而阿衡伊摯實佐其成。阿衡伊摯者，孟子謂其五就湯，五就桀，而卒歸於湯；其風塵不息，於用民制兵之事，亦既實勘得失而知所就矣　歷相湯、外丙、中壬、太甲、凡四朝，至沃丁始卒，執政數十年，乃成七十助賦、八一徵夫之制．

孟子謂『夏后氏五十而貢』者，一夫授田五十畝，而以五畝貢也。謂『殷人七十而助』者，一夫授田七十畝，八夫又別助耕公田七十畝以爲賦也。夏商兩代國民兵役之不同，實根於田賦制度之各異。商制二百一十畝爲一屋，授之三夫；六百三十畝共一井，授之八夫者五百六十畝，餘七十畝則公田。十井爲通，凡六千三百畝，八十夫；百井爲成，凡六萬三千畝，八百夫；千井爲終，凡六十三萬畝，八千夫；萬井爲同，凡六百三十萬畝，八萬夫；十萬井爲封，凡六千三百萬畝，八十萬夫；百萬井爲畿，凡六萬三千萬畝，八百萬夫、井方一里，成方十里，同方百里，畿方千里。成有車一乘，戎馬四匹，牛十二頭；終十倍之，同百倍之，封千倍之，畿萬倍之。國家有事，井徵一夫，八徵則周。天子自將，則得畿數百萬人；天子命公卿或諸侯將，則得封數十萬人；諸侯命卿大夫將，則得同數萬人；卿大夫命士將，則得終數千人。百萬人者，萬乘；十萬人者，千乘；萬人者，百乘；千人者，十乘：此天子、諸侯、大夫、士人、各兵車之等差也。無事亦有守衛之徵，又從而什一之，不離其井則不荒農，三月而代則不疲民，而王畿、侯國、井地、遠鄙、皆有備無患矣。

（附表四）商代國民兵役表

區別	畝數	里數	井數	夫數	徵數	馬牛車卒	守兵徵數
夫	七十畝			一夫			
屋	二百一十畝			三夫			
井	六百三十畝	方一里	一井	八夫	一夫		
通	六千三百畝		十井	八十夫	十夫		一夫
成	六萬三千畝	方十里	百井	八百夫	百夫	車一乘牛十二戎馬四	十夫
終	六十三萬畝		千井	八千夫	千夫	車十乘牛一百二十戎馬四十	百夫
同	六百三十萬畝	方百里	萬井	八萬夫	萬夫	車百乘牛一千二百戎馬四百	千夫
封	六千三百萬畝		十萬井	八十萬夫	十萬夫	車千乘牛一萬二千戎馬四千	萬夫
畿	六萬三千萬畝	方千里	百萬井	八百萬夫	百萬夫	車萬乘牛十二萬戎馬四萬	十萬夫

雍己之世，朝政不綱，諸侯有不應徵兵校獵之令者；賴中宗太戊興，得繫法紀於不墜。太戊以後，仲丁自亳一遷於隞，河亶甲自隞再遷於相，祖乙自相三遷於邢，於是畿封同終之制大

壞，而民怨如沸。重以羣公子之爭君，動引兵革；民雖屈從於暴力，諸侯則多違亂命。司馬遷曰：『自仲丁以來，廢適而更立諸弟子，弟子或爭相代立，比九世亂，諸侯莫朝。』迨盤庚立，銳意仍還於亳，以行阿衡伊摯之舊；而民未諳所圖，徒鑒於曩者三遷之敝，率吝肯不欲又徙。盤庚乃告諭諸侯大臣曰：『昔高后成湯，與爾之先祖俱定天下，法則可修；舍而弗勉，何以成德？』然後南徙還亳，行湯之政，百姓由寧，諸侯來朝。所謂『法則可修』，除兵農大事，更何可言？還亳則民徙者得返其本來，畿封同終亦得復其本來，蕭規曹隨，不難垂拱而治。武丁之隆，盤庚啓之；祖己『王嗣敬民』之訓，非謂守成無爲之聖也哉？射天武乙，又徙河北，阿衡伊摯之法復敗；其孫辛紂，遂以亡殷。

綜觀自黃帝以至夏商，可稱爲中國國民兵役制度之萌芽時期。蓋黃帝以前，惟有血族部落之互鬭，而無國人劃地食力、自衞共存之法。黃帝既建國家，始立經野守國之制；其州、師、都、邑、里、朋、隣、井、之組織，使民相安於清淨之狀態，遂永除血族部落互鬭之根。且分於井而田有數，則貪汚在上無所染指；計於州而民有數，則強暴在上無所私擁；誠意美法良也矣。孟子曰：『夫仁政、必自經界始。經界不正，井地不均，貢祿不平；是故暴君汚吏，必慢其經界。經界既正，分田制祿，可坐而定也』。黃帝劃井，開中國經界之先河——鄭樵謂『井田之制，自禹定之』，朱熹謂『商人始爲井田之制，』而儒生之謂井田創於周公者尤夥，皆誤也；惟禹井爲田四百五十畝，湯井爲田六百三十畝，黃帝井之田畝數則書闕不可考耳。自申不害以來，黃老並稱；史記有蓋公之言曰：『大道貴淸淨而人自正。』此卽莊子所謂『剖斗析衡而民不爭』，亦卽孟子所謂『分田制祿可坐而定』。夫血族部落之鬬，爭爲生活而已；正其經界，使不爭而可爲生活，又焉用鬬？黃帝之績，誠偉矣哉！夏之成同五服，殷之終同封畿，皆承黃帝制度而來，下啓周文西岐之治；雖代有壞法之君，然其芽既萌，則終成『野火燒不盡，春風吹又生』之勢矣。第如應徵及退伍之年齡，免徵緩徵之限制……其爲國民兵役之要事，而殷以前不見有規定者尙多；當時或不免有一種習慣法則，其載之明文則至周禮而始大備。故依前成說(Theory of Preformation)之見解，則此國民兵役之花，雖周代方克成熟；而自黃帝以至夏商，固不能否認其小蕾中之瓣蕊俱全也。

三　中國國民兵役制度之成熟時期

殷之衰也，周文王在岐，行平土之法，以爲治人當用黃帝地著之道爲本。孔穎達曰：『地著，猶言土著；謂著土地而有常居，非行國隨畜牧遷徙者之比也。』蓋周祖后稷，爲堯農師，子孫世職，至夏太康棄稷不務，始失官。公劉復修后稷之業，遂開後來古公亶父之前路。詩云：『篤公劉！匪居匪康！迺場迺疆，迺積迺倉，迺裹餱糧——于橐于囊，思輯用光，弓矢斯張，干戈戚揚，爰方啓行』。又云：『篤公劉！旣溥旣長，旣景迺岡，相其陰陽，觀其流泉，其軍三單。度其隰原，徹田爲糧；度其夕陽，豳居允荒。』可知周代寓兵於農，起於公劉，故司馬遷稱『周道之興自此始』。古公亶父復修后稷公劉之業，遂開後來文王之前路。其遷於岐也，豳人舉國隨之，他國人聞而來歸者尤衆；乃營築城郭室屋而邑別居之，以宏公劉徵兵之制，駸駸有代商之漸矣。故詩云：『后稷之孫，實維太王；居岐之陽，實始翦商。』文王又修后稷、公劉、古公亶父之業，日中不暇食以待士，士之來者如水就下，伯夷、叔齊、太顚、閎夭、散宜生、鬻子、辛甲之徒，特其著者；其他踵門願受一廛爲氓之庶民，殆不可勝舉也。近維古公築城別邑之政，遠鑒商代九世三遷之亂，用是油然有黃帝地著之思，而建爲司馬法焉。

其法六尺爲步，步百爲畝，畝百爲夫，夫三爲屋，屋三爲井，井十爲通，通十爲成，成十爲終，終十爲同——同方百里，同十爲封，封十爲畿——畿方千里。其等級與商代無異，則文王三分天下有其二，以服事殷，不敢變王大制也。然殷人七十而助，一夫之田七十畝；文王則因公劉『徹田爲糧』之家法，仍一夫之田百畝，卽孟子所謂『百畝而徹』：此爲商周之大不同者也。又定丘甸之制，約合二十五井爲丘，五通爲二丘，四丘爲甸則當於成；是與商制殊名，而下闢周禮小司徒井牧之先河焉。丘有戎馬一匹，牛三頭。甸有戎馬四匹，兵車一乘，牛十二頭，甲士三人，步卒七十二人。一同方百里，提封萬井，戎馬四百匹，車百乘，此卿大夫采地之大者，是謂百乘之家。一封方三百一十七里，提封十萬井，定出賦六萬四千井，戎馬四千匹，車千乘，此諸侯之大者，是謂千乘之國。天子之畿內方千里，提封百萬井，定出賦六十四萬井，戎馬四萬匹，兵車萬乘，戎卒七十萬人，謂之萬乘之主。馬端臨以爲『商之末造，法制隳弛，故文王因而修明之；非謂在岐之時，自立千里之畿，提封百萬之井，而有萬乘之兵車也。』是以文王以制，不若武王周公之甚；而中國國民兵役制度之成熟，不得不有待於觀兵盟津、誓師牧野之前後。

（附表五）周文王國民兵役表

區別	經界	夫數	徵數	車馬	出賦（賦與稅異班固曰稅以足食賦以足兵）
步	六尺				

畝	百步				
夫	百畝	一夫			
屋	三夫	三夫			
井	三屋	八夫			
通	十井	八十夫			
(丘)	二十五井	二百夫		牛三　戎馬一	
成(甸)	十通百井(四丘爲甸)	八百夫	甲士三 步卒七十二	車一 牛十二 戎馬四	每百井之地應除山川沈斥城池邑居園囿術路等三十六井實出賦者六十四井
終	十成千井	八千夫	甲士三十 步卒七百二十	車十 牛百二十 戎馬四十	實出賦者六百四十井
同	十終萬井 方百里	八萬夫	甲士三百 步卒七千二百	車百 牛千二百 戎馬四百	實出賦者六千四百井
封	十同十萬井 方三百十七里	八十萬夫	甲士三千 步卒七萬二千	車千 牛萬二千 戎馬四千	實出賦者六萬四千井
畿	十封百萬井 方千里	八百萬夫	甲士三萬 步卒七十二萬	車萬 牛十二萬 戎馬四萬	實出賦者六十四萬井

文王雖在法度上不能擁天子萬乘之兵車，而事實上斷不僅有一封之甲，則可想見。大勢所

趨，卽無辛紂弓矢斧鉞之錫，亦何能捐方伯之任哉？其伐犬戎，伐密須，伐耆，伐邗，伐崇侯虎；兵威宏盛，靡戰不克。但武王繼立，仍不遽以討紂者，慮非常之兵之終不易苟勝也。武王服闋，觀兵盟津，諸侯不期而會者八百，又不討紂，還師二年不出。意者：盟津觀兵，必太公望周公旦等以爲尙不可用，乃歸而有所調整於司馬司徒之事。或曰：『周禮六官，除考工外，莫不首稱「惟王建國，辨方正位，體國經野，設官分職，以爲民極」，則更張司馬司徒之政，當在克殷以後。』吾以是爲刻舟求劍之說。夫制禮作樂，每宜於太平裕暇之時；然建國要計，如周禮司馬司徒之事，豈不欲先爲之地乎？孫中山先生之建國方略，建國大綱，皆成於嶺海倥偬之際，眼前顯例，夫可知已。史稱武王：『率戎車三百乘，虎賁三千人，甲士四萬五千人，以東伐紂。』按以文王之制，則於畿封皆不合；按以周禮大國三軍之制，則適合；是『惟王建國』之書，非盡待成於克殷以後，又可知已。

『凡制軍：萬有二千五百人爲軍。王六軍，大國三軍，次國二軍，小國一軍，軍將皆命卿。二千有五百人爲師，師帥皆中大夫。五百人爲旅，旅帥皆下大夫。百人爲卒，卒長皆上士。二十五人爲兩，兩司馬皆中士。五人爲伍，伍皆有長。一軍則二府，六史，胥十人，徒百人。』計之，每軍得一萬五千七百七十四人。武王因大國之兵以伐紂，則三軍合有四萬七千三百二十二人；而云虎賁甲士共四萬八千人者，舉其大數耳。其中虎賁之士，書所謂『予有臣三千惟一心』者，則釋三軍之猛勇者爲選鋒，非外增之數也。

(附表六)周禮制軍人數表

軍名	轄部	兵數	領兵官數	所轄各級領兵官數	佐屬徒數	總數
一伍		五人	伍長一			共六人
一兩	五伍	二十五人	兩司馬一	伍長五		共三十一人
一卒	四兩	百人	卒長一	兩司馬四 伍長二十		共一百二十五人
一旅	五卒	五百人	旅帥一	卒長五 兩司馬二十 伍長一百		共六百二十六人
一師	五旅	二千五百人	師帥一	旅帥五 卒長二十五 兩司馬一百 伍長五百		共三千一百三十一人
一軍	五師	萬二千五百人	軍將一	師帥五 旅帥二十五 卒長百二十五 兩司馬五百 伍長二千五百	府二 史六 胥十 徒百	共一萬五千七百七十四人
二軍		二萬五千人	軍將二	師帥十 旅帥五十 卒長二百五十 兩司馬一千 伍長五千	府四 史十二 胥二十 徒二百	共三萬一千五百四十八人
三軍		三萬七千五百人	軍將三	師帥十五 旅帥七十五 卒長三百七十五 兩司馬一千五百 伍長七千五百	府六 史十八 胥三十 徒三百	共四萬七千三百二十二人
六軍		七萬五千人	軍將六	師帥三十 旅帥一百五十 卒長七百五十 兩司馬三千 伍長一萬五千	府十二 史三十六 胥六十 徒六百	共九萬四千六百四十四人

兵咸徵於其民；武王之徵，所以異於黃帝以至文王者，則劃地編戶之不同故也。克殷之前，其制小備；克殷之後，其制大備。舉其大備之制而言，則夏官司馬所載者明矣。曰：『乃以九畿之籍，施邦國之政：職方千里曰國畿，其外方五百里曰侯畿，又其外方五百里曰甸畿，又其外方五百里曰男畿，又其外方五百里曰采畿，又其外方五百里曰衞畿，又其外方五百里曰蠻畿，又其外方五百里曰夷畿，又其外方五百里曰鎭畿，又其外方五百里曰蕃畿。』其徵兵也，侯畿以外各不等，國畿以內亦各不等。等差愈嚴，可以見其制度之愈密焉。

（附表七）周禮九畿編制表

九畿	劃地	位置	畿數	賈公彥釋名	職方九服	異名	附記
國畿	方千里	居天下之中	一		王畿		國畿王畿一也不在九畿九服之數因尊爲天下之本也
侯畿	方五百里	繞國畿而居	十二	侯者候也爲天子伺候非常	侯服		
甸畿	方五百里	繞侯畿而居	二十	甸者爲天子治田以出賦貢	甸服		
男畿	方五百里	繞甸畿而居	二十八	男者任也任王者之職事	男服		
采畿	方五百里	繞男畿而居	三十六	采者采取美物以共天子	采服		
衞畿	方五百里	繞采畿而居	四十四	衞者爲天子衞守	衞服		
蠻畿	方五百里	繞衞畿而居	五十二	蠻者縻也以近夷狄縻繫之以政教	蠻服	大行人稱蠻服爲要服	以上方七千里爲中國之九州夷畿以下則爲蕃國

夷	畿	方五百里	繞蠻畿而居	六十	夷者以夷狄而得夷稱也	夷服	大行人稱下三服爲蕃國
鎮	畿	方五百里	繞夷畿而居	六十八	鎮者去中國稍遠理須鎮守	鎮服	
蕃	畿	方五百里	繞鎮畿而居	七十六	蕃者以其最遠故得蕃屏之稱	蕃服	
以上方萬里爲九畿九服之全數							

商頌玄鳥曰：『邦畿千里，維民所止，肇域彼四海。』可見王畿之制，文王因於其君，武王因於其親，莫有改易。然武王制王城五十里爲近郊，又五十里爲遠郊，凡方二百里爲國中；又制郊外左四百里，右四百里，前後亦各四百里，別名之野；以定國中六鄉而野六遂之徵兵制，則創舉也。國中分爲六鄉，鄉轄五州，州轄五黨，黨轄五族，族轄四閭，閭轄五比，比轄五家。比有長，爲下士；閭有胥，爲中士；族有師，爲上士；黨有正，爲下大夫；州有長，爲中大夫；鄉有大夫，爲卿；每二鄉有鄉老，爲公，六鄉則三公：皆以次司各級之徵令，而總掌於司徒。野分爲六遂，遂轄五縣，縣轄五鄙，鄙轄五酇，酇轄四里，里轄五鄰，鄰轄五家。鄰有長，爲不命之士；里有宰，爲下士；酇有長，爲中士；鄙有師，爲上士；縣有正，爲下大夫；遂有大夫，爲中大夫：亦以次司各級之徵令，而掌於遂人，以總歸於司徒。六鄉六遂之民皆七萬五千家，而野地較國中爲特廣者，則如載師所謂『以公邑之田任甸地，以家邑之田任稍地，以小都之田任縣地，以大都之田任畺地』，其公邑爲天子使大夫所治，家邑爲大夫之采地，小都爲卿之采地，大都爲公之采地及王子弟所食邑，均非齊民，故徵令所不同。令所同

者，民家各一人，計國中約七萬五千人，爲六軍；野亦得七萬五千人，又爲六軍。國中六鄉之軍爲正軍，野六遂之軍爲副倅。有事則正軍近而先集；副卒不需或不徵，徵亦遠而後集。其無事而徵以常備警衛者，則大司馬所握之六軍，通王畿千里以內，更休而迭調之，合二家而出一兵者也。以較商之畿徵百萬，文王之畿徵七十五萬者，亦簡矣哉！

(附表八　周禮王畿國民兵役表)

司徒掌六鄉正軍			遂人掌六遂副倅			大司馬掌天子六軍	
區別	家數	徵兵數	區別	家數	徵兵數	區別	兵數
比	五家	五人	鄰	五家	五人	伍	五人
閭	五比二十五家	二十五人	里	五鄰二十五家	二十五人	兩	五伍二十五人
族	四閭百家	百人	酇	四里百家	百人	卒	四兩百人
黨	五族五百家	五百人	鄙	五酇五百家	五百人	旅	五卒五百人
州	五黨二千五百家	二千五百人	縣	五鄙二千五百家	二千五百人	師	五旅二千五百人
鄉	五州萬二千五百家	萬二千五百人	遂	五縣萬二千五百家	萬二千五百人	軍	五師萬二千五百人
六鄉七萬五千家		七萬五千人	六遂七萬五千家		七萬五千人	六軍七萬五千人	
平時半徵三萬七千五百人			平時半徵三萬七千五百人			合計七萬五千人	

夫家徵一人，並非其家人中之年齡體力環境可以任兵者僅一人、而即徵之也。國中六鄉之民，七尺之童年二十者始徵，至六十乃免；野六遂之民，六尺之童年十五者即徵，至六十五乃免。其遂民較鄉民所以多役十年者，即因小事遂民或不集，大事遂民亦後集，其役簡於鄉民，故增役年以勻之。或謂六十至六十五方退伍，殊嫌其遲；則古人百歲以爲常，六十固未衰也。大司馬曰：『凡令賦以地與民制之：上地食者參之二，其民可用者家三人；中地食者半，其民可用者二家五人；下地食者參之一，其民可用者家二人。』小司徒亦曰：『均土地以稽人民，而周知其數：上地家七人，可任也者家三人；中地家六人，可任也者二家五人；下地家五人，可任也者家二人。』則知家徵一人，其備爲後繼可用之兵尚多，此項名數，小司徒名之爲『羨』；又羨之有盈，遂人則名之爲『餘夫』。六鄉之內，以三劑致甿，一人爲正卒，其他可任兵皆爲羨卒，上地羨二人，中地羨二家三人，下地羨一人，皆登於鄉大夫之册；六遂之內，以下劑致甿，一人爲正卒，一人爲羨卒，亦登於遂大夫之册。其册謂之比要，年終則以獻之天子，天子乃使司徒按比要以會萬民之卒伍而用之。若用爲通常役作，但徵正卒；若用爲田獵追寇，則可徵及羨卒——故曰：『凡起徒役毋過家一人，以其餘爲羨；唯田與追胥，竭作』。

王畿千里之內，鄉遂有徵，其公邑、家邑、小都、大都，豈無徵耶？孟子謂：『野九一而助，國中什一使自賦』，即據匠人『九夫爲井』、遂人『十夫有溝』而言；蓋十夫共溝者，鄉遂之制，九夫共井者，邑都采地之制也。兩制各異，鄭康成朱晦翁嘗先後言之。小司徒曰：

『凡國之大事致民，大故致餘子。』民者、鄉遂之民；餘子者、邑都采地諸公卿大夫之子，而守於王宮者也。又曰：『九夫爲井，四井爲邑，四邑爲丘，四丘爲甸，四甸爲縣，四縣爲都。』此則因文王丘甸之法而改善之，別立其制於鄉遂之外，以治邑都采地之事。丘十六井，有戎馬一匹，牛三頭；甸六十四井，有戎馬四匹，兵車一乘，牛十二頭，甲士三人，卒七十二人；縣二百五十六井，都千有二十四井，車馬士卒之數可推。野除六遂之地相當於國中之六鄉，其餘地廣倘爲遂之二十三倍。一數方二百里，爲四同，二十三數則爲九十二同。每同萬井，是采地有九十二萬井；內除山川沈斥城池邑居園囿術路占百分之三十六，實得出賦者爲五十八萬八千八百井，合爲五百七十五都，二千三百縣，九千二百甸，三萬六千八百丘，十四萬七千二百邑。得有戎馬三萬六千八百匹，兵車九千二百乘，牛十一萬又四百頭，甲士二萬七千六百人，卒六十六萬二千四百人。此車馬士卒，乃公卿大夫率其采地家臣傭佃之所出，什一而更調用之，以拱衞王畿，備其采邑。至於餘子，則平時在王宮扈衞天子，有大故然後出率其家臣傭佃以候王命。傳曰：『先王之制，大都不過參國之一，中五之一，小九之一。』可知都邑大小，非絕對數井而分。公之采地優於卿，則大都廣於小都；卿之采地優於大夫，則小都廣於家邑；其公邑爲天子命大夫所治，則廣狹不可以制定。廣者耕種之夫多，則徵亦多，狹者反之。以其非齊民，而九夫一井又有殊於十夫一溝之編戶，故采地徵兵與鄉遂徵兵截然兩制。大抵鄉遂之兵，主於備征討；采地之兵，主於衞京畿；其用各別，其徵亦不妨各異也。

(附表九)周禮公卿大夫采地國民兵役表

戶名	轄區	戎馬	牛	兵車	甲士	步卒
井	九夫					
邑	四井					
丘	四邑	一	三			
甸	四丘	四	十二	一	三	七十二
縣	四甸	十六	四十八	四	十二	二百八十八
都	四縣	六十四	百九十二	十六	四十八	千一百五十二
五百七十五都		三六、八〇〇	一一〇、四〇〇	九、二〇〇	二七、六〇〇	六六二、四〇〇
徵數		三、六八〇	一一、〇四〇	九二〇	二、七六〇	六六、二四〇

一井九家，一邑十六家，一丘六十四家，一甸二百五十六家，按以下劑致甿之制，則一甸可得正卒二百五十六人，羨卒亦如之；若按以上中下三劑致甿之制，則羨卒且有三百八十四人之多。而僅得甲士步卒七十五人，實徵又不及八人；采地餘夫之衆，亦可驚矣！計其徵數，甲士步卒共六萬九千人，合守宮餘子，可當大司馬六軍之數。設足其什而徵之，則六十軍；設並

其羨而徵之，則百二十軍或奇；設更徵及餘夫，則其數殆不勝計。公卿大夫有勞於天子，家臣傭佃有勞於公卿大夫；故天子有愛於公卿大夫，以屋及烏，亦不欲多用其家臣傭佃之力，此采地比要所登之所以少，司徒實徵所得之所以少而又少也。其編制則大都約擬於軍，小都約擬於師，家邑約擬於旅，公邑擬軍師旅不等，各爲單位，不若堂堂六軍之整嚴；是以周禮言天子之軍，每及鄉遂而不及采地焉。

鄉遂家徵一人，可得十二軍之兵；正卒羨卒竭作，則六鄉可得十五軍，六遂可得十二軍，共爲二十七軍之兵。雖無采地之衆，亦足觀已。而在營僅六軍；以三年更代計，是十三載又六月而役一遍。六鄉之民，自二十歲至六十歲，在營不及三次；六遂之民，自十五歲至六十五歲，在營亦僅三次。左氏傳臧僖伯曰：『春蒐，夏苗，秋獮，冬狩，皆於農隙以講事也。三年而治兵，入而振旅，歸而飲至，以數軍實，昭文章，明貴賤，辨等列，順少長，習威儀也。』蓋大司馬四時教戰，三年而成；乃大閱而遣之，更徵新卒，振旅而還。如是更代，使民習其隆重之儀，審其兵役之榮，尤不感有毫髮之苦，制亦淑矣。且祭義『五十不爲甸徒』，王制『六十不與服戎』，可知五十雖在營亦不從田，六十雖在營亦不從戰，所服皆後方輕役耳，又何苦之有哉？

至於貴者不徵，賢者不徵，能者不徵，服公事者不徵，老者不徵，疾者不徵，八十者留其一子不徵，九十者免其一家不徵，廢疾非人不養者聽其家一人不徵，父母之喪三年不徵，齊衰大功之喪三月不徵，遷徙者其居事未定不徵：此則武王周公所爲免役緩役停役之制也。役之者、國家之義，故民經教訓而忘其勞；舍之者、政府之仁，故民有感悅而奮其武。采薇之詩曰：『靡室靡家，玁狁之故；不遑啓居，玁狁之故。』又曰：『戎車既駕，四牡業業；豈敢定居？一月三捷！』又曰：『四牡翼翼，象弭魚服；豈不日戒？玁狁孔棘！』出車之詩曰：『王命南仲，往城于方；出車彭彭，旂旐央央；天子命我，城彼朔方；赫赫南仲，玁狁于襄。』又曰：『春日遲遲，卉木萋萋，倉庚喈喈，采蘩祁祁；執訊獲醜，薄言還歸；赫赫南仲，玁狁于夷』。周民之爲國忘家，食苦如飴，融融陶陶，殆可見矣。戰猶如此，其蒐苗獮狩可知。蓋之感召也歟！制度之適宜也與！

（附表十）周禮國民兵役年限及舍役表

始役	六鄉之民二十歲　六遂之民十五歲
正役	以正卒登比要者十八年內入營三次每次三年共九年
羨役	六鄉之民二十二年　六遂之民三十二年
輕役	五十歲不參加蒐苗獮狩　六遂之民六十歲雖在營亦不加入戰鬪
退役	六鄉之民六十歲　六遂之民六十五歲
免役	貴者　賢者　能者　老者

緩役	服公事者　疾者　遷徙而居事未定者
停役	親八十歲者停一子以養　親九十歲者停一家以養　家有廢疾者停一人以養　父母之喪其子皆停三年 齊衰大功之喪停三月

諸侯之兵，亦出於鄉遂，其地分佈於侯畿、甸畿、男畿、采畿、衛畿、蠻畿、六服九州之內。諸侯之大者，三鄉三遂；次者，二鄉二遂；小者，一鄉一遂。其徵法與王畿鄉遂同；故大國三軍，次國二軍，小國一軍，而實則鄉正遂副，三軍者六軍，二軍者四軍，一軍者二軍也。並計其正卒羨卒，下及餘夫，則傾國之兵，大者十二軍至十五軍，次者八軍至十軍，小者四軍至五軍，不等。賈公彥曰：『凡出軍之法：先六鄉；賦不止，次出六遂；賦猶不止，徵兵於公邑及三等采；賦猶不止，乃徵兵於諸侯，大國三軍，次國二軍，小國一軍；賦猶不止，則諸侯有遍境皆出之法。』其說於諸侯之師則然，於王師則不盡然。古者王畿之兵不出，所以重內也。有四方之役，卽用諸侯人耳。或遣上公帥王賦，亦不過詩所謂『元戎十乘，以先啓行』而已。而調兵諸侯，又各從其方之便；征徐以魯，追貊以韓；於淮夷以江漢，皆見於經，班班可考。若動以國中之兵，遠發邊鄙，則孫子『內外騷動，怠於道路』之言，洞見其弊矣，況諸侯備兵之謂何哉？至於五家爲比，十家爲聯；五人爲伍，十人爲聯；四閭爲族，八閭爲聯；乃至五國爲屬，屬有長；十國爲連，連有帥；三十國爲卒，卒有正；二百一十國爲州，州有牧；於

是以爲守望之相助：於是以爲徵調之相監，其制可謂無懈可擊也矣。

夫兵皆吾民，將皆吾吏；天子之於天下，諸侯之於其國，莫不皆然。平居無事，人聯家比於其下，國連州助於其上，教養有素，恩義相結；及倉卒有事，簡車閱徒，無招呼之煩，而死生足以相衞。且復王師厚集於國畿，諸侯之兵散於六服，隨地有可徵可用之卒，隨徵有不遏不竭之源，進有萬籟爭鳴之勢，退有堅壁淸野之資。此周所以爲歷代之最隆，而周禮一書所以成爲寓兵於農之寶典也。

武王克殷以後，縱馬華山之陽，牧牛桃林之虛，偃干戈，釋兵旅，示天下不復用。成王之時，周公輔政，越裳底貢，息愼來朝，若天下更無事矣。然而周禮制兵之書，卽大具於武成之朝；善治者不忘兵，善兵者不忘農，先哲謀國之公忠，慮事之遠大，誠値千載萬世之膜拜也！文王之頌曰：『載戢干戈，載櫜弓矢，我求懿德，肆于時夏，允王保之！』誦是詩者，其不油然生時動而威之感也耶？

穆王漸敗文武周公之政，厲王尤有加焉，遂以奔死。宣王敗於姜戎，乃料民太原，不知民之不可料矣。幽王舉烽燧以博褒姒之一笑，鄉遂釆地諸侯之兵悉至，至而無寇；後申侯與繒西夷犬戎攻幽王，王再舉火徵兵，則兵無至者，王乃橫死驪山。平王東遷之後，王室愈微，而諸侯之兵轉驕。

春秋諸侯之制兵，以齊管仲之法爲較賢，然已非復周禮鄉遂之舊。其法乃分近國爲二十一鄉，遠野爲五鄙。二十一鄉中有工商之鄉六，不從戎役；其十五則士鄉，鄉制五家爲軌，軌爲之長；十軌爲里，里爲之有司；四里爲連，連爲之長；十連爲鄉，鄉爲之良人。因五家爲軌，故五人爲伍，軌長帥之；因十軌爲里，故五十人爲小戎，里有司帥之；因四里爲連，故二百人爲卒，連長帥之；因十連爲鄉，故二千人爲旅，鄉良人帥之。五鄉一帥，故萬人爲一軍，五鄉之帥帥之。十五鄉凡居民三萬家，徵兵三萬人，車六百乘。春以蒐振旅，秋以獮治兵；是以卒伍整於里中，軍旅整於郊內。教三年而成，則更徵而教；禁遷徙，以免失教成之民，亂軌里之數。鄙制三十家爲邑，邑有司；十邑爲卒，卒有卒帥；十卒爲鄉，鄉有鄉帥；三鄉爲縣，縣有縣帥；十縣爲屬。屬有大夫。五屬故立五大夫，使各治一屬焉；立五正，使各聽一屬焉。自邑積於五屬，爲四十五萬家。率九家徵一兵，得甲五萬；九十家一車，得乘五千。亦教成而更徵，期以無一怯民。此所謂『作內政以寄軍令』，亦中國徵兵史上一重要故實也。其十五鄉家徵一人，五鄙九家徵一人者，以鄉近而人易集，欲速教之以成霸業，鄙遠人不易致，僅徐教之以備後用耳。後儒乃有謂十五鄉皆兵，五鄙皆農，因以兵農始分爲管子咎者，殆厚誣矣。齊桓賴之，尊周攘夷，九合諸侯，一匡天下，使後來孔子有『微管仲，吾其披髮左衽』之贊嘆，豈眞瑚璉小器之所可爲哉：

（附表十一）春秋齊管仲制國民兵役表

區別	戶名	轄區	家數	徵數	軍數	領兵者	平均數
鄉	軌	五家	五家	五人	伍	軌長	家徵一人
	里	十軌	五十家	五十人	小戎	里有司	
	連	四里	二百家	二百人	卒	連長	
	鄉	十連	二千家	二千人	旅	鄉良人	
	五鄉		萬家	萬人	軍	帥	
	十五鄉		三萬家	三萬人	三軍		
鄙	邑	三十家	三十家				九家徵一人
	卒	十邑	三百家				
	鄉	十卒	三千家				
	縣	三鄉	九千家	千人			
	屬	十縣	九萬家	萬人	軍	屬大夫	
	五屬		四十五萬家	五萬人	五軍		
鄉鄙合計			四十八萬家	八萬人	八軍		六家徵一人

春秋魯之兵制，爲較能守周公之法者；然時勢所趨，一增再增，其徵比亦漸失古。成公元年，作丘甲法，乃以周禮一甸之徵，責之一丘。襄公十一年，擴二軍爲三軍，以三桓分領之；昭公五年，又擴三軍爲四軍，季孫氏領其二，孟孫叔孫各領其一。蓋丘甲法行以後，季氏於其采邑則盡徵之；叔氏於其采邑則徵子不徵父，徵弟不徵兄；孟氏於其采邑則徵其半；故季氏兵爲多，不得不增領一軍。至哀公十二年，又作田賦法，乃以周禮一丘之徵，責之一井。丘甲之釋，見於杜預；田賦之釋，見於賈逵；皆引證有見，非臆說也。魯逼於齊，而齊先大；魯又不欲多上人，遂未嘗有霸業。而其集兵之制，固不多遜於管仲，第訓之或未逮耳。至於國君之權而奪於大夫，大夫之政又制於陪臣，公室削弱，尤爲不振之源；則君子哀其太阿倒持，而不厚非其鋒之鈍焉。

（附表十二）春秋魯國國民兵役表

戶名	家數	舊制		丘甲法		田賦法	
		士　卒	車　馬	士　卒	車　馬	士　卒	車　馬
井	九家						馬一　牛三
邑	四井三十六家				馬一　牛三	甲士三　卒七十二	車一　戎馬四　牛十二

丘	四邑百四十四家		馬一 牛三	甲士三 卒七十二	車一 戎馬四 牛十二	甲士十二 卒二百八十八	車四 戎馬十六 牛四十八
甸	四丘五百七十六家	甲士三 卒七十二	車一 戎馬四 牛十二	甲士十二 卒二百八十八	車四 戎馬十六 牛四十八	甲士四十八 卒千一百五十二	車十六 戎馬六十四 牛百九十二
縣	四甸三千三百零四家	甲士十二 卒二百八十八	車四 戎馬十六 牛四十八	甲士四十八 卒千一百五十二	車十六 戎馬六十四 牛百九十二	甲士百九十二 卒四千六百零八	車六十四 戎馬二百五十六 牛七百六十八
都	四縣九千二百一十六家	甲士四十八 卒千一百五十二	車十六 戎馬六十四 牛百九十二	甲士百九十二 卒四千六百零八	車六十四 戎馬二百五十六 牛七百六十八	甲士七百六十八 卒萬八千四百三十二	車二百五十六 戎馬千〇二十四 牛三千〇七十二
平均徵數		七家強一人		二家弱一人		一家一人強	
附記	魯當伯禽受封，至少亦是二鄉二遂之地。每鄉遂爲萬二千五百家，則二鄉二遂當爲五萬家，後之增多生齒，尚姑不計，亦有五都二縣之戶。依田賦法算，則帶甲十萬矣。						

當時仿行齊魯兵制者，頗有其國。如鄭簡公二十八年，子產作丘賦法，杜預以爲同於魯之田賦，吾以爲仿於魯之丘甲；蓋其時爲魯昭公四年，魯正行丘甲，尚未作田賦也。苟如杜說，則非鄭之丘賦仿於魯，而是魯之田賦仿於鄭；是非當有考古者考之，吾姑付諸闕疑。其仿齊魯者，少則九家徵一人，多則一家徵二人；少固蓄力甚裕，多亦未悖於周禮正羨竭作之原則。至若晉之州兵，家徵五人，則諸侯漸以民力爲孤注矣。溯晉自曲沃武公時，周僖王使虢公命以

一軍爲晉侯，合有一鄉一遂之地；至獻公拓地，始作二軍，亦僅合有二鄉二遂。惠公既作州兵，文公因之遂作三軍；城濮之戰，賦車七百乘，以丘甸縣都之積計之，其甲士步卒當有五萬二千五百人，合四軍一師之衆，是名三軍而實過之。其後又作三行，尋蒐於清原而併三軍三行爲五軍。晉文嘗與其臣客於齊桓，熟知管仲調民教戰之法；及既得國，發憤比烈，故其霸業僅次於齊桓。襄公舍二軍以復三軍之舊，而徵數未減，其兵甚浮，至景公乃作六軍。悼公仍留三軍，亦不過使什吏帥其卒乘官屬以從於他軍，並未酌減徵額也。

（附表十三）春秋晉國國民兵役表

戶名	家數	舊制所徵	州兵制所徵	舊制軍	州兵制軍
比	五家	五人	二十五人	比徵一伍	家徵一伍 比徵一兩
閭	五比二十五家	二十五人	百二十五人	閭徵一兩	閭徵一卒一兩 合四閭爲一旅
族	四閭百家	百人	五百人	族徵一卒	族徵一旅
黨	五族五百家	五百人	二千五百人	黨徵一旅	黨徵一師
州	五黨二千五百家	二千五百人	萬二千五百人	州徵一師	州徵一軍

鄉	五州萬二千五百家	萬二千五百人	六萬二千五百人	一鄉徵一軍	一鄉徵五軍
平均徵數		一家一人	一家五人		
附記	曲沃武公以一軍為晉侯，是有一鄉一遂之地。獻公以後，晉地日廣。惠公使州長各繕甲兵，家徵五人，是為州兵之制。其後軍制日擴，雖無州兵之名，而徵法則仍惠公之舊也。				

楚雖荊蠻，既受周室裂土之封，亦行中國之法。成王地方千里，軍中有若敖之六卒，其卒當出於鄉之族、遂之鄰。莊王霸強，克庸以來，無日不討國人而訓之以民生之不易，無日不討軍實而儆之以勝之不可保。逮邲之戰，軍制大備。所作乘廣，傳謂「廣有一卒，卒偏之兩」，其法仍舊制百人為卒，二十五人為兩。車九乘為小偏，十五乘為大偏。每廣凡十五乘、一卒、一兩。二廣分為左右司馬，以為親軍；與三軍之統於令尹者，異其編制，而同其徵法。三軍之制，傳未之詳；而推乘廣，可以窺見。至靈王時，乃有五帥，徵數始增三之二。平王使然丹簡上國之兵於宗邱，而撫其民；使屈罷簡東國之兵於召陵，亦如之。後又增三之一。若昭王左司馬戍帥都君子以濟師，是免役者亦不免於役矣。楚人強悍善鬬，慷慨樂死，自古已然；蓋山川勃偉之氣，荊棘披斬之風，凝然相結，牢不可破，遂成三戶亡秦之民族性。當時楚子徵兵，增之一再，且及於復役之都邑君子，而民莫有「王事靡盬，不遑將父」之嘆者，即民族桀驁之性使然耳。

(附表十四)春秋楚國國民兵役表

戶名	家數	舊制徵數	舊軍	靈王至平王以後徵數	靈王至平王以後軍數
比(鄰)	五家	五人	一伍	十人	二伍
閭(里)	二十五家	二十五人	一兩	五十人	二兩
族(酇)	百家	百人	一卒	二百人	二卒
黨(鄙)	五百家	五百人	一旅	千人	二旅
州(縣)	二千五百家	二千五百人	一師	五千人	二師
鄉(遂)	萬二千五百家	萬二千五百人	一軍	二萬五千人	二軍
平均徵數		一家一人		一家二人	
附記	成王時地方千里，以後逐大，爲春秋諸國之冠，不可以拘之於鄉遂之制分矣。故靈王時已有五帥，爲五軍。入戰國則兵愈多，制亦亂無所可考。				

南蠻有楚，西戎有秦；楚能行中國之道，秦則因周室岐豐之地，鄉遂采地徵民已行有素養，更易於爲政矣。襄公修車馬，井然法武王周公之法；穆公因之以作三軍，又置陷陣之卒三

萬，遂以霸強。子孫世守其法，直至孝公未嘗大變。孝公用商鞅爲相，誘三晉之人入秦，優其田宅，使任耕作，而盡驅秦人以應敵於外。民有二男以上，必使分居，以嚴一家一夫之數；與古制上地家三夫，中地二家五夫，下地家二夫者，絕然不同，而家數爲之猛增。乃令秦民客民，率爲五家一保，十家一連；夫則五人爲伍，十人爲什。二十三歲在郡縣受兵事之教，一月而伍什相更，是爲更卒。二十四歲至中都受兵事之教，一年作京畿郡邑之守，是爲正卒。二十五歲屯邊一載，是爲戍卒。二十六歲以後，則出征四方以爲戰卒，其五人習戰，則客民亦五人爲農以養之，故曰：『五甲首隸五家。』定自士至關內列侯爲二十級，戰獲一敵首則賜爵一級。宗室貴族無軍功者，不及爵秩；使民無貴賤，非由鬬無以顯，非由戰死無以封，於是民爭爲國死，而秦益強；史稱『行之十年，民勇於公戰，怯於私鬬』者，殆實錄也。商君之書，其重政府鞭策之嚴，責人民聽受之謹，蓋視人民爲政府之犧牲，個人之人格必俟死國而後成立，是與斯巴達（Sparta）國家之制度無異。吾嘗謂商君之眼光，較柏拉圖（Plato）爲尤銳；因柏拉圖乃有見於斯巴達之勃興而慕之，而商君則實自爲創制也。戰國諸侯，秦爲最雄，良有以哉！後世雖車裂商君，而其新政不全廢，兵制尤加厲焉。長平之役，秦民年十五以上悉發，其明證矣。秦之終滅六國也以此，秦之重苦其民也亦以此。故徵兵於民，重在蓄力以備源源不絕之需，不宜腰纏十萬付之一擲。商君作法，弊在無更番徵調之制，舉國皆兵，亦舉國皆置於最前之一線，不留後備之續，此所以強秦於一時，而斃秦於萬世也歟！

（附表十五）戰國秦商鞅制國民兵役表

役名	年齡	年限	附記
更卒	二十三歲（昭王時白起為將改為十五歲）	在郡縣受兵事之教一月伍什更數餘時歸休	五家為保十家為連有逃役忘役者輕重依法連坐
正卒	二十四歲	在中都受兵事之教一年守衞都畿後遣屯邊	
戍卒	二十五歲	屯邊一年後遣出征	
戰卒	二十六歲以後	出征有功賜爵爵高依法別任無功永遠為兵	一人出戰卽有客民一人耕作以養之受罰者食罰則遷其養以養他兵

春秋諸侯各國，雖多變周禮之法，然尙行徵兵之制。至於戰國，則驅民為戰，不必以法徵調者有之；召國內之逋逃，募境外之流亡，烏合以成衆者有之；收容降卒，誘致叛將，假以兵符，劃以駐地，坐食其民以玩戰者亦有之；於是兵農兩分，而軍制不可問。商君固不失為賢者；卽吳起對衞武之說，闔閭勾踐之試其民，亦鳳毛麟角也哉！

衞武侯問吳起曰：『願聞治兵、料人、固國之道！』起對曰：『強國之君必料其民。民有膽勇氣力者，聚為一卒；樂以進戰效力以顯其忠勇者，聚為一卒；能踰高起遠，輕足善走者，聚為一卒；王臣失位而欲見功於上者，聚為一卒；棄城去守，欲除其醜者，聚為一卒：此五者，軍之練銳也。有此三千人，內出可以決圍，外入可以屠城矣。』又曰：『用兵之法，教成為先：一人學戰，教成十人；十人學戰，教成百人；百人學戰，教成千人；千人學戰，教成萬人；萬人學戰，教成三軍。以近待遠，以佚待勞，以飽待饑。圓而方之，坐而起之，行而止之，左而右之，前而後之，分而合之，結而解之，每變皆習，乃授以兵，是謂將事。教戰之令：短者持矛戟，長者持弓弩，強者持旌旗，勇者持金鼓，弱者給廝養，智者為謀主。鄉里相比，什伍相保。一鼓整兵，二鼓習陣，三鼓趨食，四鼓嚴辦，五鼓就行；聞鼓聲合，然後舉旗。」其五卒之論，有似虎賁之選鋒；一人學戰以至教成三軍，有似軌里之訓民；而鄉里相比，什伍相保，則尤見其究心徵兵之事。設武侯果用其言，起之功烈，豈在管仲商鞅之伯仲間乎。

世論兵者，孫吳並稱，吳起之前則孫武為名家。起入戰國之初，武在春秋之末，去不甚遠。孫子之書，姑不具引；觀其佐吳闔閭以霸諸侯，其道固可想見。闔閭習戰，試其都邑郡鄙之民於五湖，劍皆加肩流血，民不肯止，則孫武之所教也。夫差敗越之後，越勾踐則蹈襲孫武之所由強吳者，以教越四境之民。教成而試之於寢宮，亦若闔閭之試於五湖，其民爭入水火，死者千餘，遽擊金而後退之。吳越雖未聞有鄉遂之制，井邑之法，軌里之政；其所以能聚民而試之，試民而用之，咸以霸強者，必有賴於相仿之措置，可以斷言。然而荀卿非之曰：「彼孫吳者，上勢利而貴變詐，施於暴亂昏嫚之國，君臣有間。」蓋荀以王道標榜，不屑稱霸者之臣，與孟子不屑稱管仲晏嬰，實為一揆。因時論事，就地取材，豈眞無可稱哉？觀於孫吳商君而外，自春秋末以迄戰國，未有能行徵兵之道者，吾乃有博弈猶賢之嘆焉！

班固曰：『秦因四世之勝，據河山之阻，任白起王翦豺狼之徒，奮其爪牙，禽獵六國，以并天下。』吾以爲秦之得志，在於秦憑商鞅之舊，而六國無孫吳之臣，不與於白起王翦之事。何也？商鞅既定通國皆兵之制，白起輩不過因人成事，不待言矣。若夫六國，民籍充裕，苟有孫吳之臣以行徵兵之法，則持久應戰，兵員不竭，秦必一擊不中，自封殽函。設秦而深入，則堅壁清野，使進無所戰，野無所掠，師老餽絕，不走何待？走而擊之，破秦無疑。蘇秦說齊宣王曰：『齊地方二千餘里，帶甲數十萬，粟如邱山。三軍之良，五家之兵，進如鋒矢，戰如雷霆，解如風雨；卽有軍役，未嘗背泰山、絕淸河、涉勃海也。臨淄之中七萬戶，臣竊度之，不下戶三男子；不待發於遠縣，而臨淄之卒固已二十一萬矣。』其時大於齊者，楚地方五千餘里；等於齊者，燕趙皆地方二千餘里；小於齊者，魏地方千里，韓地方九百餘里。以此廣地，以此衆民，組合而徵調之，不曰湯武仁義，固亦桓文節制，秦能如之何哉？孫吳之不作，有一蘇季子又用而不信，信而不堅，堅而不久，於是乎六國終亡，秦終代周而帝矣。

秦一天下，既以講武爲角觝之戲，又以銷兵爲罷武之謀，始盡廢商君經兵之政；而不知周武之縱馬華山，牧牛桃林，固正在修周禮之兵政，未嘗旦暮安也。秦兵之銷未幾，其民之揭竿而起者，遂放厥鹿而逐之，竟覆其廟。然則兵固可廢也哉？兵固可絕民而自私也哉？古今之愚而好自用者；殆莫秦始皇若也！

慨自黃帝創兵農合一之典以來，至文武周公而集大成；乃八百年間，一壞於春秋，再壞於

戰國，三壞於秦之銷兵咸陽，遂使圭璧法制，掃地無遺，可痛矣哉！歷亡秦之亂以迄漢興，雖有儒生講明古制，而秦火之餘，殘缺急不可補；此西周之隆，所以不可再覩也與！

四　中國國民兵役制度之絕續時期

漢高祖以匹夫起兵定天下，習知秦之所以速亡，一切政治措施皆欲反秦之道；入關而與民約法三章，其一例也。於秦兵政之利弊，尤知之深；雖未嘗學問，而身經目擊者已多，況有良何信平之徒以啓之耶？又有聞一知十之天資——張子房所謂：「殆天授，非人力」；故漢初之制度，遂有可觀。兵分二種：一爲郡國之兵，一爲京畿之兵。郡國之兵，有材官、車騎、樓船三類，乃因秦舊制而改進者。秦商鞅盡驅其民爲戰，不有蓄力；始皇則驅士卒築長城者四十餘萬，戍五嶺者五十餘萬，營驪山阿房之役者各七十餘萬，亦不有蓄力；故秦之材官車騎，不戰則役，未有休息，且教課亦無餘時。漢則反之——高祖命天下選能引關蹶張材力武猛者，亦爲輕車騎士、材官、樓船；常以秋後講肄課試，各有員數。平地用車騎，山阻用材官，水泉用樓船：三者之兵，各隨其地之所宜；大抵巴蜀、三河、潁川、諸處之民習材官，上郡、北地、隴西、諸處之民習車騎，廬江、潯陽、會稽、諸處之民習樓船。乃至臨淄之弩手，荊楚之劍客，亦使適宜而習之。各地之兵教雖殊，而郡國之兵制則一。郡國者，有列郡、有王國、有侯國。郡有太守，別置都尉以佐太守典武。王國有相，等於郡太守；有中尉，等於都尉。侯國有相，等於兼權郡守都尉之事。此諸官吏，卽司每秋講肄課試之政，且達天子之徵令焉。教成之民，用以爲衛爲戍者有限，餘則盡在田里農作，以蓄國家之力，而備不時之需；京畿之兵，則有南北兩軍，南軍以衛宮門，北軍以守城門，是爲秦制所無而漢高特創者；南軍之兵徵於郡國，北軍之兵徵於三輔。蓋古者天子必內有異姓大夫，所以正骨肉也；外有同姓大夫，所以正異族也。同姓、親也，於內爲逼，故處於外，而使之正異族；異姓、疎也，於親爲有間，故處於內，而使之正族屬。南軍守宮而兵徵於遠，北軍守城而兵徵於近，殆師此古意耳。且郡國去京師較遠，則民情無所適違，而緩急爲可恃，乃以之衛宮爲宜；三輔距京師甚邇，則民情有閭里墓墳族戚之愛，而利害必不相棄，乃以之護城爲宜；是以用民得當，則所期望於兵者爲不虛。是漢初兵制之大略，可概見高祖立國之自有其深謀遠慮焉。

漢百官志曰：『左右京輔都尉、尉丞、兵卒皆屬中尉。』中尉者，北軍之統帥；左右京輔者，左扶風，右馮翊，以夾輔京兆，謂之三輔。三輔都尉丞卒直轄於北軍中尉，可知三輔之民，除守京城、戍本郡外，不與於內地邊疆戍守之徵調；較郡國之民既充南軍復戍天下者，其役似簡。然郡國地廣民多，役繁不病；三輔地狹民少，役簡爲適；漢初於此，早有權衡矣。至於有事，南北軍俱不出，惟遣將徵郡國兵以發，則是三輔之民又不與於國家之戰役；蓋京畿爲國家根本，其兵守不可以動搖也。

（附表十六）漢高祖國民兵役表

兵別	軍別	所徵之民	徵民之地	作務
郡國兵	材官	郡國之民	巴蜀、三河、潁川……	守京（即南軍）戍郡戍邊多時在田有事征爲戰役
	車騎	郡國之民	上郡、北地、隴西……	同右
	樓船	郡國之民	廬江、潯陽、會稽……	同右
	弩手	郡國之民	臨淄……	同右
	劍客	郡國之民	荆楚……	同右
京畿兵	南軍	郡國之民	列郡、王國、侯國全國惟三輔除外	守衛宮城內外
	北軍	三輔之民	京兆、扶風、馮翊	守衛京城內外

人民服兵役之期限，定爲四十六年——起於二十歲，止於六十五歲。二十歲以下，高不滿六尺者，謂之癃罷，不使服兵。二十歲而高滿六尺，乃使戍中都。及一年，內調南軍爲衛士。又及一年，復外調郡國爲材官、騎士、樓船……等。又及一年，然後退爲正卒，就田里，以待調戍國內要地及邊疆。內地之戍一月，邊疆之戍三日，其役至短；自二十三歲至六十五歲，凡四十三年間在官待徵，其時又至長。以至長之時，服至短之役，實猶無役也。然戍期雖短，而

一旦國家有事，則隨徵隨發，不能限日。其二十歲戍中都也，有都尉諸官教之射御馳騎戰陣。及一年乃閱而飲，飲而遣之。其二十一歲爲南軍衛士也，及一年而天子行幸曲臺，臨饗有衆，勸以農桑，且觀其角觝而後遣。其二十二歲爲郡國材官騎士樓船也，又有都尉諸官教之野戰壁守分合變化之術，及一年大閱，校獵分獲而歸諸田。是皆此遣彼代，各有年齒之限，不可以欺冒。中都戍兵，南軍衛士，郡國材官騎士樓船之卒，均年額不定，蓋卽人民適齡相等者，歲各其數不同之故。其國內要地及邊疆之戍卒，則有定額；蓋人民年二十三至六十五者，傅爲一籍，徵調不必限齒，不妨依戍地需要兵力之程度而定額也。此定額戍卒之更代，其法有三：曰卒更，曰踐更，曰過更。以正身供役之謂卒更；其戍國內要地而去家不甚遠者，可以自行，一月滿則有代而返。以錢雇人充國內要地之戍之謂踐更；受雇者除正身一月之役，恆別受十一人之雇，而往戍一年乃更。以錢雇人充邊疆之戍之謂過更；受雇者除正身三日之役，恆別受百一十九人之雇，而往戍一年乃更。鼂錯謂『遠方之卒守塞一歲而更』者，卽指過更而言。踐更雇錢二千，雇者自予受雇者；過更雇錢三百，則雇者輸之縣官，縣官以予受雇者，故需戍卒百人者，國內要地則年列千二百人之名，邊疆則年列萬二千人之名；其多其寡，可以類推，是爲郡國人民更番服兵之制。

三輔亦與郡國略同：二十歲戍本郡，二十一歲充北軍兵，二十二歲還戍本郡，惟二十三歲以後，直至六十五歲，雖在官待徵，實則毫無戍役。然平時官家營築，輒有繇作；而京師有非門之警，亦徵其執戈入衛。其正身之役，雖丞相子弟不可以免，且無踐更過更之法，是又三輔之嚴於郡國者也。

（附表十七）漢初制國民服兵年限表

年齡	郡國之民	三輔之民	役期	附記
二十歲	戍中都	戍本郡	一年而更	役滿郡守飲而遣之
二十一歲	充南軍衛士	充北軍兵	一年而更	役滿天子饗而遣之
二十二歲	充郡國材官騎士樓船等	還戍本郡	一年而更	役滿都尉校而遣之
二十三歲至六十五歲	戍國內要地 戍邊疆		一月而更 三日而更	無戍之時居田而日在官待徵郡民 備戰輔民備衛
六十六歲	除役	除役		

高祖以英發開其先，文帝以賢明繼其後，漢制雖不如古，亦賢於戰國及秦之無制也矣。其以民二十三歲爲正役之年，稱之正卒，乃商君遺法，想是聞於咸陽耆老者，可見漢初之有志於古。而秦火之後，魯壁殘書無幾，天下隱藏之卷册急難蒐盡，實爲志古者一大恨事。鼂錯上文帝書有曰：『臣聞古之制邊縣以備敵也，使五家爲伍，伍有長；十長一里，里有假士；四里一邑有假侯。皆擇其邑之賢材有護、習地形、知民心者，居則習民

故卒伍成於內，則軍正定於外。服習收成，勿令遷徙；幼則同遊，長則共事。夜戰聲相知，則足以相救；晝戰目相見，則足以相識；驩愛之心，足以相死。如此而勸以厚賞，威以重罰，則前死不還踵矣。』所言蓋管仲治齊之法，而錯落雜掇之者。錯固嘗受尙書於伏生，以文學進身爲太常掌故，而有智囊之稱，乃於管仲僅爲捕風捉影之談；則知當時齊魯舊帙，尙有待於掘發也。高文之所聞知，商鞅十之五，管仲十之二，隆周禮制十之一；亦遂酌古準今，以自成其大。武帝因之以兵服百夷，威加四海，又豈偶然哉？

然而漢初之制，實又自武帝壞之。外勤於用兵，內忽於蓄力，徵用有時而窮，則北軍中尉之兵亦赴邊陲，制遂一壞。京城無重兵，乃設北軍八校：募知胡事者爲胡騎，知越事者爲越騎，雜以中壘、屯騎、待詔射聲、虎賁輕車、上林屯兵、長水宣曲胡騎，而合治於一爐，自是始用募兵，制遂再壞。又置期門羽林之屬，爲宮掖衞，使隴西、天水、北地、上郡、西河、諸名族子孫家世爲之，無事更調，自是始爲常從，制遂三壞。郡國之兵，不教而發，民不敢行，則多買復，兵益不足，乃發謫吏、謫民、謫戍、謫徒、以充塞之，甲伍紊亂，制遂四壞。武帝以後，西漢之兵，乃成強弩之末，不可以穿魯縞。設使武帝當時，事越則用會稽豫章之民，擊朝鮮則用遼東之民，開西南夷則用巴蜀之民，守其政策，始終不變；嚴遵高文之成規，當徵部國之兵教，京軍之出不過元戎十乘以先啓行；則漢運之隆，幾何不至於成周哉？一子誤著，全局皆輸；先幾之難見，勝策之難決，有如是夫！

夫天下之患，莫大於兵無事而聚食，將擁兵以自私。高文之制之善，卽在於兵不常聚，將無常員，得隆周制兵之古意。故材官騎士佈滿郡國，有事檄召則可以計日而集，成功能歸則自然分途而去。衞青霍去病勳大績重，身奉朝請，兵皆散去，豈募兵所能辦耶？武帝旣壞成法，終亦悔之；然而輪臺罪己之時，已成積重難返之勢，暮氣深沉，無能爲恢復舊觀之事矣。昭宣以下，更無高文孝武之君，其重臣僅一霍光差強人意，而又不學無術，坐是迄於王莽，聽兵聚食，聽將擁兵，寓兵於農之古制終不可復矣。

光武之興，宜若可以改弦更張也矣；而事又大謬不然。光武久在兵間，其兒死於兵，昆陽之役，其自身亦幾死於兵；及定天下，遂極厭兵事。且知天下疲耗，思欲與民休息乃於建武六年，詔罷郡國都尉，幷職太守，廢除都試之法；至是郡國兵教，並武帝以後之不絕如縷者而斬之。明年，又罷天下輕車騎士、材官、樓船；九年而後，復多罷都尉將軍及邊郡亭侯吏卒。雖後來邊疆不靖，遂有列營置塢之事；而外兵不練，有事終藉京師南北軍以出，於是以迄東漢衰微，凡匈奴之寇，鮮卑之寇，京軍年年暴露，奔命四方。桓帝又減京軍之數，而內衞亦單，奔命且無物矣，因是羌寇轉盛。廢徵兵，用募兵，爲禍之烈，於以大見乃欲分兵爲三類：募者以爲陷陣，召者以爲義從，徵者以爲積卒。但積卒不可咄嗟立辦，而陷陣已流爲黃巾，義從已由董卓擁之以入亂矣，漢之亡也，諸葛武侯太息痛恨於桓靈，吾則太息痛恨於孝武光武；不但附於春秋責備賢者之義，實亦漢代兵農之分，爲二武作之俑焉。

三國之時，承漢之弊；袁紹官渡之役，曹操赤壁之役，劉備猇亭之役，均七八十萬衆，蓦集烏合，無不敗北。武侯治蜀，始檢戶籍，如漢初之鄉置游徼，亭設三長，以防盜賊，而兵役之需亦每取給焉。武侯爲周公以後之第一大政治家。大亂之餘，不欲重苦其民，故以蜀之大，僅得十二萬兵，而用於北伐者八萬，其四萬則以爲更替；其與先帝動糾數十萬者，制顯不同。出師未捷，公已勞死，大業不竟，大志不光，豈獨漢之損失？實中國之損失也！

晉既混一，制每縣戶五百以上置鄉，三千以上置二鄉，五千以上置三鄉，萬以上置四鄉，分設嗇夫諸吏；蓋仿漢三老孝悌力田之法，以備戶役，非以備兵役也。觀其令男女皆年十六至六十爲正丁，餘爲次丁，分課布絹絲綿，亦可見已。倘兵農未分，原可因用其制以行民之兵教，及政府之徵令；雖疎而不密，亦聊勝於無。聚斂是謀，戍衛不講，故不旋踵，而有胡十六國之亂，遂如春筍雨後，蔓草霜前，不可以闓。

五胡之中，趙石虎嘗命冀、青、徐、幽、幷、雍、諸州之民：五丁取三，四丁取二，以備擊燕。又制征夫五人，則出車一乘，牛二頭，米十五斛，絹十疋，調不辦者斬。夫軍事組織教訓，貿然調發，已失古人徵兵之本義，況責賦又苛，民何以堪命乎，故民至鬻子以供軍須，猶不能給，死者相望於道。秦苻堅之圖晉也，令民每十丁遣一兵，兵乃大集；其良家子二十以下有材勇者，皆拜羽林郎，至者亦三萬餘騎。前者猶今之正規軍，爲徵兵之常制；後者猶今之童子軍，則漢武帝羽林孤兒之遺法也。此乃其相王猛之教。猛博學好古，被褐捫蝨以談當世之務，旁若無人；宜其所教於苻堅者，賢於石虎遠矣。然猛臨終猶勸堅勿圖晉；所以然者，蓋以胡主用中國之民以圖中國，慮黃帝子孫終有倒戈相向之日。堅不能用其言，果擁投鞭斷流之衆而自取淝水之敗，以至於死，以至於亡。然而五胡之中，苻堅其齊桓，石虎其秦孝；固若荊棘叢中，有白梅紅杏矣乎。

（附表十八）苻秦國民兵役表

年齡	正役	備役	更代
二十以下	有材勇者充羽林郎	材勇次者爲備羽林	
二十以上至六十	十丁取一爲兵	十丁以九丁爲備兵	一年更番
六十至六十五	充鄉里守望		
六十六	除役		

南朝則自晉至陳，無國民兵役之可言。大亂相續，偏安莫展，募兵可以取辦臨時，徵兵無容從容籌措，其勢爲然，無足怪也。且如劉裕之輕狡無行，蕭道成之兇狠尙詐，蕭衍之拙惡好還，陳霸先之強梗自用，下而至於叔寶全無心肝，皆非可與爲善之君。其臣下惟晉頗有人物；而王敦、蘇峻、桓溫、桓玄，則爲亂不可終日，王導、陶侃、溫嶠、謝安，則知古而不敏求，又皆非可與圖王圖霸之臣。論史事者，於是嘆息王景略之不見用於南朝矣！

北朝則拓跋魏氏，卽有徵兵之政，觀木蘭詩可見。詩首段云：『喞喞復喞喞，木蘭當戶織；不聞機杼聲，惟聞女嘆息。問女何所思？問女何所憶？女亦無所思，女亦無所憶。昨夜見軍帖，可汗大點兵；軍書十二卷，卷卷有爺名。阿爺無大兒，木蘭無長兄；願爲市鞍馬，從此替爺征。』程大昌演繁露，以木蘭爲隋唐人，卽以可汗之稱爲據；不知鮮卑拓跋，其君之稱可汗，固也。詩次段云：『……旦辭爺孃去，暮宿黃河邊；不聞爺孃喚女聲，但聞黃河流水聲濺濺。旦辭黃河去，暮宿黑水頭；不聞爺孃喚女聲，但聞燕山胡騎聲啾啾。萬里赴戎機，關山度若飛；朔氣傳金柝，寒光照鐵衣。將軍百戰死，壯士十年歸；歸來見天子，天子坐明堂；策勳十二轉，賞賜千百強。可汗問所欲，木蘭不願尙書郎；願借明駝千里足，送兒還故鄉。』此可知木蘭爲黃河南岸之人，而徵往朔方作戰者。何承天姓苑言木蘭任城人，任城是今山東濟寧；李亢獨異志言木蘭商邱人，商邱是今河南歸德；果孰是耶？承天時當劉宋，家在郯城，可謂與木蘭同時同里，其言當較可信。李亢唐人，程大昌趙宋人，皆去木蘭遠，故道聽而塗說之。至後人作商邱志，則依李亢之說，掠木蘭以美其鄉，滋可笑耳。當劉宋時，魏已自拓跋珪光復舊物，而一傳於子嗣，再傳於孫燾矣。西秦滅南涼，而夏滅西秦；夏勢獨張，魏雖並立，拓跋燾不能坐以待亡，乃發憤興滅夏之師。徵兵之令，徧行轄地，木蘭從征，當在此時——蓋北魏之盛，其地包舉今河北、山東、山西、甘肅、各省，及江蘇、河南、陝西、諸省之北部，遼寧之西部，故木蘭已陷爲胡民，不得不聽可汗之點兵也。嗟乎！中國之君臣不能行祖宗之善政，而胡主轉能行之以用中國之民；禮失而求諸野，君子已深痛之！制亡而資諸敵，其痛更如何哉！

北魏既分，東禪於高齊，西禪於宇文周；皆因魏制而更進之，遂益賢明。且隋復因齊周之制，唐又因隋之制，各有小異，乃淵源而成唐代府兵之盛，使漢武以來之鬱鬱不伸者，爲之眉飛色舞焉；則拓跋前導之功，殆有不可泯者。惜乎北魏之書，不及其制兵之詳，吾今欲溯而述之，殊莫可得。其僅見於史者，如明元帝嗣元年，詔諸州每六十戶出戎馬一匹，大閱於東都，署將帥以山陽侯奚斤爲前軍，衆三萬，陽平王熙等十二將各一萬騎，帝臨白登躬自校覽。後又詔諸州戶二十輸戎馬一匹，大牛一頭；六部人羊滿百口者調戎馬一匹。孝文帝宏定都洛陽，選民武勇之士十五萬人爲羽林虎賁，以充宿衛。其後詔軍士自代來者，皆以爲羽林虎賁。此亦不過見其有家徵戶選之舉而已，不能繹得其制也。無已，則請述齊周相承之跡，以想見初事之概焉。

高齊分兵爲內外二曹：內騎兵曹，外步兵曹。蓋魏制羽林虎賁爲宿衛之兵，六鎮將卒爲禦侮之兵，力革漢季京軍奔命於外之弊；齊分內外，爲承魏制之一端。齊民十八受田，二十充兵，六十免役。家約二夫，什一而徵，一歲更代。其徵發之道，先組戶數，而後取徵於司戶之吏，與古法同。惟其名色，則與比閭族黨、軌里連鄉，皆不相若。法爲鄉城分制：鄉十家爲鄰，置鄰長；五鄰爲閭，置閭正；二閭爲黨，置黨族及副黨。城二百五十家爲隅，置隅老；二隅爲里，置里正；二里爲坊，置坊吏及副坊。鄉地闊人散，治徵不易，故組戶少；城地逼人聚，治徵不難，故組戶多。州郡每一城數十百鄉，不能相齊，然徵發按家，不按鄰隅，其政甚均。文宣帝洋，委任楊愔，編民施教，相與休息；遂得外挫鮮卑，極揚威武。不幸武成帝湛之際，政以賄成，發民不守簿次，一時領軍者至二千人，無謂甚矣。

(附表十九)高齊國民兵役表

區別	戶名	家數	夫數	徵數	受田之年	充兵之年	免役之年	[illegible]	[illegible]
鄉	鄰	十家	二十夫	二人	十八歲	二十歲	六十歲	[illegible]	[illegible]
	閭	五十家	百夫	十人	十八歲	二十歲	六十歲	[illegible]	[illegible]
	黨	百家	二百夫	二十人	十八歲	二十歲	六十歲	[illegible]	[illegible]
城	隅	二百五十家	五百夫	五十人		二十歲	六十歲	[illegible]	[illegible]
	里	五百家	千夫	百人		二十歲	六十歲	[illegible]	[illegible]
	坊	千家	二千夫	二百人		二十歲	六十歲	[illegible]	坊吏

宇文周受西魏之禪。至武帝邕，克己勵精，聽覽不倦。凡布懷立行，皆欲踰越古人。身衣布袍，寢布被，土階不施櫨栱，勤儉謙勞，自強不息。以海內未安，銳意講武。至於校兵閱伍，步行山谷，手足腫疼，人所不堪。宴會將士，必自執杯勸酒。征伐則躬在行陣，自決大

謀。用是內誅反側，外併高齊，以成北方混一之局。初，文帝泰輔魏，用蘇綽言，因拓跋珪以來之兵制，而參合隆周古典，分置天子六軍。籍六等之民，擇魁健材力之士以爲之首，盡蠲租調，而刺史以農隙教之。合爲百府，每府一郎將主之，分屬二十四軍——左右各十二軍，開府各領一軍。大將軍凡十二人，各領二開府，復加持節都督以合統之。復有柱國六員，則在持節都督之下，各統二大將軍者也。徵亦什一，代亦一年，與高齊同。至武帝整軍，置原二十四開府爲六大府，所得齊地亦置六大府，東北則別置七總管。徵民以十二取，服役以一月代，制乃小變焉。民散於府，教普於府，徵行於府，兵蓄於府，故有府兵之稱；此歷史上之美制，草創於魏周，學者所不可數典而忘者也。文帝泰以來，六軍府兵不滿五萬人，用民不可謂不簡，則蓄力不可謂不厚。武帝以後，十二而徵，則倍其兵；又得齊地六府，並東北七總管，則當四五倍其兵。子孫茍善用之，正不可侮；乃適以資宣帝贇之窮侈極奢，轉啓楊堅之盜，豈文武二帝之始料所及哉？

（附表二十）宇文周國民兵役表

府數	家數	夫數	文帝時 徵數	文帝時 更代	武帝時 徵數	武帝時 更代	領兵官備考
一府	約二千五百家	五千夫弱	五百弱	一年	千弱	一月	郎將

四府強	萬家強	二萬夫強	二千強	一年	四千強	一月	開府	二十四開府轄百郎將
八府強	二萬家強	四萬夫強	四千強	一年	八千強	一月	大將軍	大將軍轄二開府
十六府強	四萬家強	八萬夫強	八千強	一年	萬六千強	一月	柱國	柱國轄二大將軍
百府	約二十五萬家	五十萬夫弱	五萬弱	一年	十萬弱	一月	持節都督	持節都督轄六柱國

附記 （一）一開府領二小軍，一柱國轄一大軍，六柱國領天子六軍。（二）一柱國即武帝後之一大府。（三）本表限於周固有地；其得齊地置六大府，及東北七總管之兵，可以推知。

隋文帝楊堅受宇文氏禪。頒新令使京畿五家爲保，保五爲閭，閭四爲族，各爲置正。畿外則保上有里，比於閭，置里正；里上有黨，比於族，置黨長。蓋因高齊鄉城之制而損益者，故其各僅三級絕類。其時經齊高湛周宇文贇昏虐之後，民逃役者十之六七。帝乃令民三歲以下爲黃，十歲以下爲小，十七歲以下爲中，十八歲以上爲丁；丁則服兵，六十爲老乃免。戶口不實者，族正黨長以下遠配。自是逃者遂已。至其編軍，則因宇文之舊而潤色之。府有郎將、副將、坊主、團主；坊主各轄三族五族不等，團主各轄三黨五黨不等，皆佐郎將、副將，以教民習戰，而行上之徵令。民既番上，則分之十二衛。十二衛者：曰翊衛，曰驍騎衛，曰武衛，曰屯衛，曰禦衛，曰侯衛，各分左右，皆置將軍以統之。諸府之兵猶多，又設驃騎車騎二府，亦有將軍。後更驃騎曰鷹揚郎將，車騎曰副郎將，而復增折衝果毅二府將軍之兵。開皇八年，以伐陳置淮南省於壽春，晉王廣爲尚書令；冬十月出師，凡總管卒兵五十一萬八千，皆受晉王節制。十二取丁，偏在北部，而有如是之衆，亦可驚矣！平陳以後，中國既一，煬帝應大業八年，勅四方兵皆集涿郡伐高麗，其兵威乃更盛——左右各十二軍，凡一百一十三萬三千八百人；餽運之卒倍之。帝親授節度：每軍大將亞將軍各一人；騎兵四十隊，隊百人，十隊爲團；步卒八十隊，分爲四團；團各有偏將一人；其鎧冑纓拂旗旛，每團異色；其輜重散兵等亦爲四團，使步卒挾之而行。進止立營，皆有次敍儀法。此吾國中世之壯舉也；倘無楊玄感內亂牽制，以帝之朝氣奮發，無所不蓋，豈遽敗哉？帝以秦皇漢武之梟雄，憑藉府兵之積力，固大有可爲者；徒以暴故，衆叛親離，莫終厥志，惜乎！

(附表二十一)隋國民兵役表

戶區（畿內）	戶區（畿外）	家數	夫數	徵數	兵役年齡（始役）	兵役年齡（除役）	司徵令者
保	保	五家	十夫	二夫	十八	六十	保正
閭	里	二十五家	五十夫	十夫	十八	六十	閭正里正
族	黨	百家	二百夫	四十夫	十八	六十	族正黨長
坊	團	三百家五百家不等	六百夫千夫不等	百二十夫二百夫不等	十八	六十	坊主團主

府	約為二千五百家	約五千夫	約千夫	十八	六十	郎將

彼秦皇銷兵咸陽，禁民挾兵，隋煬未之為也；彼漢武亂高文艱難締造之兵制，隋煬未嘗亂其父之兵制也；則謂隋煬梟雄如秦皇漢武，而賢明過之，未為左袒。夫中國徵兵之典，肇始於黃帝以來，大成於姬周，僅存於漢初；而自漢武至六朝，中間良法蕩然者，凡七百年，而拓跋珪、高歡、宇文泰、高洋、宇文邕等，要皆一代人傑，雄達在上，始逐成府兵之雛形，以續七百年前之寶典於不絕。設隋煬而不賢明，則自私不難為秦皇之銷兵，黷武不難為漢武之亂法，其後李世民雖命世特出，欲宏府兵之制，竊恐無所因襲，而衆人不易與慮始也矣。

五　中國國民兵役制度之復興時期

自漢至隋，爲中國徵兵實制之絕續時期，及唐而勃然復興；蓋唐之府兵，其制雖不及姬周，而較漢初與拓跋宇文實遠勝也。唐府兵制之完成，在太宗世民，然高祖淵爲之前導；故未述貞觀，當先述武德。

高祖起晉陽之甲，開大將軍府，以建成爲左領大都督，領左三軍；世民爲右領大都督，領右三軍；元吉統中軍；共有兵三萬耳。此府兵正數，雖少而精。其號稱二十萬者，則爲合降附流散及盜賊亡命之徒；起事之初，權宜爲之，非得已也。武德初，始置軍府，以驃騎車騎兩將軍府統之。析關中爲十二道：曰萬年道，長安道，富平道，醴泉道，同州道，華州道，寧州道，岐州道，幽州道，西麟州道，涇州道，宜州道；皆置若干府。時以天下未定，將舉關中之衆以臨四方；乃於武德三年，以萬年道爲參旗軍，長安道爲鼓旗軍，富平道爲元戈軍，醴泉道爲秉鉞軍，同州道爲羽林軍，華州道爲騎官軍，寧州道爲折威軍，岐州道爲平道軍，幽州道爲招搖軍，西麟州道爲苑遊軍，涇州道爲天紀軍，宜州道爲天節軍。軍置將副各一，以督耕戰，使車騎府總領之。後改驃騎曰統軍，車騎曰別將。軍則易置將軍一人；又有坊，設坊主以檢察戶口，勸課農桑。其府以下，則族閭保皆仍隋制，編戶徵夫之數亦同；惟府之戶數略多於隋，乃流徙有歸之故。蓋是時高祖之兵數，已將十倍於太原首事時矣。

(附表二十二)唐高祖國民兵役表

區別	轄區	家數	夫數	徵數	督耕戰者
保		五家	十夫	二夫	保正
閭	五保	二十五家	五十夫	十夫	閭正
族	四閭	百家	二百夫	四十夫	族正
府	約三十族	三千家	六千夫	千二百夫	郎將
道	約二十府	六萬家	十二萬夫	二萬四千夫軍	將軍督戰 坊主督耕
車騎府	十二道	七十二萬家	百四十四萬夫	二十八萬八千夫	驃騎統軍 車騎別將
平均徵數				十夫徵二	

高祖上承隋室之舊度，下啓太宗之新猷，過渡之措施，不過爾爾。且化家爲國，權在令子；則高祖僅有之更張，亦未嘗非太宗之新鋼始試也。太宗之治，震鑠今古，其專任賢能，勤納諫諍，講明治道，整飭綱紀，於周則成康爲不讓，於漢則文景爲不遑。一時博聞多才之士，如杜如晦、房玄齡、虞世南、孔穎達、魏徵、褚亮……之輩，知無不言，言無不盡，盡無不

聽，聽無不行；用能百川匯海，萬簣成山，而兵農復合之克見小康，特其著者。此與周武之有尙父周公，齊桓之有管仲甯戚，漢高之有良平何信，以各成其偉大周密之軍制者，如出一轍焉。

太宗統一寰宇，劃天下爲十道；而分軍鎭城戍之兵，則爲十二道。道置按察使以督民耕，置都督以教民戰。諸道有府凡六百三十四，皆建名號，以隸十二衞。通國之戶三百八十萬，府一等者得約七千二百戶，二等者得約六千戶，三等者得約四千八百戶，戶二夫計，則一等府有約萬四千四百，二等府有約萬二千，三等府有約九千六百。夫十二徵一，則一等府徵千二百，二等府徵千，三等府徵八百。府置制史以督民耕，置折衝果毅都尉之屬以教民戰。而府以下，則族閭保仍舊；其後雖有改制，以三家爲保，四家爲鄰，百家爲里，五百家爲鄉，然以計他戶役，無變於兵農之政。此編民之大略，所以行軍政之事者也。其中最重大之改進，則爲夫十二而徵一，以較前之十而徵二者，寧人多矣。太平制作與兵亂不同，是前後之勢使然，無足異也。

（附表二十三）唐太宗制編民表

區別	家數	夫數	徵數	司徵者
保	五家	十夫	一夫弱	保正

閭	二十五家	五十夫	四夫強	閭正
族	百家	二百夫	十七夫弱	族正
上府	七千二百家	萬四千四百夫	千二百夫	制史
中府	六千家	萬二千夫	千夫	制史
下府	四千八百家	九千六百夫	八百夫	制史
道二十二	六百三十四府 三百八十萬家	七百六十萬夫	六十三萬餘夫	按察使
平均徵數			十二夫徵一	

編民既成，始可以言編軍。道有按察使，復置都督者，編軍之用也；府有制史，復置折衝果毅都尉之屬者，亦編軍之用也。府折衝都尉一，左右果毅都尉各一，長史、兵曹、別將一。兵二百爲一團，校尉領之；上府六團，中府五團，下府四團。五十人爲一隊，隊正領之，團皆四隊。十人爲火，火長領之，隊皆五火。總十二道六百三十四府之兵，皆以隸十二衛：衛有領六十府者，有領五十餘府者，有領四十餘府者，各因府之等與民之數而配給焉。此又編軍之大略，所以行軍令之事者也。其中太宗特創甚多，可按而知；惟諸衛將軍，仍隋以來之舊耳。然諸衛領府兵之數，又異於隋。蓋隋戶八百九十餘萬，經干戈雲擾，狠吞虎噬，尤以山東羣盜殺人如麻，迄貞觀計數，但得三百八十萬戶；是大刧之後，生聚有待，不可以急切而強

誇也。

（附表二十四）唐太宗制編軍表

區別	轄部	兵數	領兵者
火		十人	火長
隊	五火	五十人	隊正
團	四隊	二百人	校尉
上府	六團	千二百人	折衝都尉 左右果毅都尉 長史 兵曹 別將
中府	五團	千人	同右
下府	四團	八百人	同右
道十二			都督
衛十二	六十府五十餘府四十餘府不等		將軍

自高祖以來，所責各級將領於農隙教民戰者，太宗行之益勤。每歲冬季，折衝都尉率越騎、步兵、武騎、排攢手、步射：五校兵馬之在府者，輪而教之。帝亦嘗引諸衛將卒習射於顯德殿，諭曰：『戎狄侵盜，自古有之；患在邊境少安，則人主逸游忘戰。今朕不使汝曹穿池築

苑，專習弓矢。居閑無事，則爲汝師；突厥入寇，則爲汝將；庶中國之民，可以永庇。』於是賞中多者，日以爲常，上有好者，下必甚焉，各府聞風竭作，數年悉爲精鋭。其有邊事而發兵也，皆下符契，刺史與折衝勘合乃發。若全府發，則折衝都尉以下皆行；不盡，則果毅行；又少，則別將行。其當宿衛者番上，兵部以遠近給番：五百里五番，千里七番，千五百里八番，二千里十番，外爲十二番，皆以月上。簡留直衛者，五百里七番，千里八番，二千里十番，外爲十二番，亦以月上。其役則始於二十一歲，終於六十歲；無事除番上宿衛外，咸耕於野。有事一出，事解輒罷，兵散於府，將歸於朝。故無聚食之兵，無失業之民，無擁兵之將；如此制兵，苟非自墮之者，其萬世可通也矣。太宗帝範曰：『夫兵甲者，國家凶器也。土地雖廣，好戰則人凋；邦國雖安，忘戰則人殆；凋非保全之術，殆非擬寇之方。是以勾踐軾蛙，卒成霸業；徐偃棄武，終以喪邦。何也？越習其威，徐忘其備也。』豈不以爲勁旅百萬，頤指如意，可以子孫無窮，而不見兵革覆滅之禍也與？

（附表二十五）唐太宗國民兵役表

常役		戰役			服役年歲	
番上宿衛	簡留直衛	全府發	不盡發	又少發	始役	終役
一月更代	一月更代	折衝以下俱行	果毅行	別將行	二十	六十

距京里程

五百里	五番	七番
千里	七番	八番
千五百里	八番	
二千里	十番	十番
二千里外	十二番	十二番

嗟乎！金剛不壞之法，古今固未嘗有也！周禮之制不能不壞於春秋戰國，漢初之制不能不壞於孝武光武，則貞觀之制又何能逃此公例？夫人治時代，人存政舉，人亡政息，乃絕對之結果，毫無可怪。蓋朕即國家，作法壞法皆皇帝家事；而皇帝除創業艱難者外，固十九習於酣酒嗜音，峻宇雕牆，色荒禽荒，不但未遑以國家長治久安之事爲念，亦且未遑以祖宗家法爲念，求不壞法，烏可得哉？良法之不可久，漸爲人所嘆息；良法之欲持於久，乃漸爲人所要求；此法治時代之替人治時代而興，又社會進化之必然也矣。則政體不可以不變，以人民之廣大勢力作法，亦以人民之廣大勢力守法；此現代西方各國之所以隆盛，而中國之所以黽勉求之者也。故吾人今日樹立徵兵之制，不難與成周漢唐比隆，又絕不與成周漢唐同一結果，竟能逃出貞觀所不能逃之公例，其亦可以自慰矣乎。

貞觀治平之後，歷高宗武后，天下久不用兵；於是君爲宴安，臣爲曲媚，府兵番役更代多不以時，戍衛久者稍稍亡匿。玄宗時張說建爲召募彍騎，以爲長從宿衛之法，其爲歷史上之汚點，殆與漢武之募北軍八校相同。自是府兵漸亡有缺，益多不補；折衝將校之闕，又積歲不得遷；其補者遷者皆在彍騎，故於府兵則有聽其自生自滅之勢。時人目番上宿衛者爲侍官，言但侍從天子，無所可用；而衛佐復以侍官假人爲童奴；因是人愈恥爲府兵；侍官同牛馬犬豕爲相罵辱之詞。後府兵耗散不可勝計，莫復成軍。玄宗頗有悔計，乃命百官什長分建府衛，計戶充兵，裁足周事：二十一入募，六十一出軍，多憚勞以規避匿，令官取年十五以上、五十而免；屢征鎮者，十年免之。」然沈痾已不易起，詔命格不能行。而彍騎皆市人；繼集，富者販繒綵、食粱肉，壯者爲角觝、拔河、翹木、扛鐵之戲；其去從前府兵之農隙而比戶教成者，弗可以道里計。及安祿山反，國人皆不能受甲。如封常清之募兵十餘萬，不能當祿山鐵騎之一蹂；則張說之罪益浮，府兵之思益不可以已矣。

或謂玄宗時府兵似猶未壞，特漸不滿於民望耳。其所引據，則爲白居易之新豐折臂翁，自詩云：『新豐老人八十八，頭鬢眉鬚皆似雪；玄孫扶向店前行，左臂憑肩右臂折。問翁臂折來幾年」？兼問「致折何因緣」？翁云「貫屬新豐縣，生逢聖代無征戰；慣聽梨園歌管聲，不識旗旐與弓箭。無何天寶大徵兵，戶有三丁點一丁；點得驅將何處去？五月萬里雲南行。聞道雲南有瀘水，椒花落時瘴煙起；大軍徒涉水如湯，未過十人二三死。村南村北哭聲哀，兒別爺娘夫別妻；皆云前後征蠻者，千萬人行無一回。是時翁年二十四，兵部牒中有名字；夜深不敢使人知，偸將大石槌折臂。張弓簸旗俱不堪，從茲始免征雲南。骨碎筋傷非不苦，且圖揀退歸鄉土。此臂折來六十年，一肢雖廢一身全；至今風雨陰寒夜，直到天明痛不眠。痛不眠，終不悔，且喜老身今獨在。不然當時瀘水頭，身死魂飛骨不收；應作雲南望鄉鬼，萬人塚上哭呦呦！」老人言，君聽取！君不聞開元宰相宋開府，不賞邊功防黷武。又不聞天寶宰相楊國忠，欲求恩幸立邊功；邊功未立生人怨，請問新豐折臂翁。』殊不知高宗武后以來，兵教玩忽：以致內地如新豐之民，但聞梨園歌管，不識旗槍弓箭。然邊鄙士庶，則因環境不如內地之安適，雖折衝果毅之教漸疎，而多識旗槍弓箭之名，又非新豐翁所可同日而語。故高宗之夷突厥，平鐵勒，伐遼東，凡蘇定方、裴行儉、薛仁貴、孫仁師、李勣、劉仁軌諸將，靡不運用邊庭府兵，以奏膚功。武曌之敗吐蕃，破契丹，亦然。及玄宗時，府兵緣邊戍守者，仍常六十餘萬；苟因其制而益以訓練，貞觀之強可再致也。張說奏罷邊兵，摧殘府制；其後議者又以承平萬世，中國之兵可銷。於是民間挾兵器者有禁；子孫爲武官，則父祖擯不齒。至天寶九年，雲南閤羅鳳反；明年，劍南節度使鮮于仲通討之，進至西洱河，戰敗，士卒八萬死六萬，仲通者，故楊國忠所薦，其兵亦國忠募擄而予之。既敗，國忠諱罪，反敍其功；玄宗不知，復下制大募兩京及河南北兵以擊雲南。人聞雲南多瘴癘，莫肯應募，國忠乃遣御史分道捕人，連枷送軍前，此新豐翁所謂『天寶大徵兵』也。徵兵云乎哉？召募不來，直擄之耳。三丁點一，非府兵舊法；謂名字在兵部牒中，則司捕御史諸吏可以僞託。繼復屢北，前後死者二十萬人；塚上呦呦，固傷心實語也。設邊兵不罷，府制不壞，因方之便以制滇亂；則水土不異，兵不罹疫，餽運有續，兵不困饑，何至死者踵接，而南陲之患終不弭哉？故如新豐翁生人之怨，謂爲怨徵兵則誤，謂爲怨擄兵則宜。

又如杜甫石壕吏云：『暮投石壕村，有吏夜捉人。……聽婦前致辭：「三男鄴城戍；一男附書至，二男新戰死。……室中更無人，惟有亂下孫；有孫母未去，出入無完裙。老嫗力雖衰，請從吏夜歸；急應河陽役，猶可備晨炊。」……天明登前途，獨與老翁別。』垂老別云：『……子孫陣亡盡，焉用身獨完？投杖出門去，同行爲辛酸！幸有牙齒存，所怨骨髓乾。……老妻臥路啼，歲暮衣裳單。……人生有離合，豈擇衰老端？……棄絕蓬室居，塌然摧肺肝！』夫已三男充兵，二男戰死，而猶以老婦入軍；夫以子孫盡皆陣亡，而猶以老翁入軍；豈徵兵之法哉？其爲募有所窮而擄兵也明矣。生人之怨，其在斯乎！

代宗德宗之交，李抱眞爲懷澤潞觀察留後，籍府男丁，三選其一，給弓矢，令之曰：『農之隙則分曹角射，歲多會而校焉。』及期按簿集試，示以賞罰，比三年，則皆善射。乃舉部內之鄉，得成卒二萬，時稱昭義步兵，精銳冠天下。朱滔李希烈等相繼反，四境陷溺，抱眞獨以數州橫絕離沮，爲羣盜所憚；後卒破滔，收橫流逆舟之功。是爲府兵餘緒，且奮揚若此。蓋養卒病乎姑息，民兵可以訓練；召募兇悍之徒而坐養之，十九流於姑息，徵集循良之民而逼教之，絕不乖於行陣。張說昧於此義，敗乃公事，大可恨也！

彍騎淫劣，藩鎮跋扈，禍難未已，戎親難和，聞鼓鼙而思將士，故德宗時乃有恢復府兵之議。鄴侯李泌之言曰：『募人爲兵，兵不土著，又無宗族，不自重惜，忘身徇利，禍亂自生，至今爲梗。曏使府兵之法，常存不廢，安有如此下陵上替之患哉？』嘗行之計，則購牛六萬餘頭，鑄耕器，糴麥種，分賜緣邊軍鎮，募戍卒耕荒田而種之，戍卒獲利，耕者浸多。泌則又曰：『戍卒因屯田致富，則安於其土，不復思歸，卽以所開田爲永業。家人願來者，本貫給長牒續食而遣之。不過數番，則戍卒皆土著，乃悉以府兵之法理之。』後其計多不果行，有事仍爲召募烏合，募窮仍爲分道捕擄；遂迄唐亡，府兵之制卒不能復。

唐季藩鎮之專，人所共知。而探其源，則在兵由召募，藩鎮可以擁而私之，中央莫如之何，人民更莫如之何也。穆宗密詔天下軍鎮有兵處，每歲百人之中，限八人逃死；欲由此以銷兵，亦欲由此以息藩鎮之禍。然是揚湯止沸，不若李鄴侯請復府兵之爲釜底抽薪也。夫徵兵旣散，則爲良民；募兵旣散，卽爲盜賊。穆宗驅兵逃亡而爲盜，遂啓朱克融王庭湊之亂；平盜未能，而盜魁反受節鉞爲藩鎮矣。故知兵之爲用，募不如徵；兵之及散，亦復募不如徵。而府兵終不可復，政府於兵之收發擒縱終不可以自如，唐室不亡，更何待耶？

憶唐之初興也，先之以高祖之敦厚守古，以維拓跋宇文之舊典；繼之以太宗之明發精進，以密府道諸衞之宏圖；駸駸乎上邁劉漢之隆，遠承姬周之盛也矣。子孫不肖，千古同慨，謂之何哉！法制崩壞，遂致五代至宋，無可追摹。吾嘗謂張說之罪，大於秦始皇之焚書坑儒，殊非深文周內也。

六 中國國民兵役制度之衰落時期

五代十國，大亂五十餘年，其無制作因宜。惟周世宗收國內勁兵，列營京畿，永革唐季以來藩鎮之弊，爲史所稱。趙宋之興，卽因其制，而有禁兵、廂兵、鄉兵、蕃兵之別。兵皆來自召募，無足述者。其中鄉兵，選自戶籍，雜以士民應募，就所在團結訓練，以爲鄉里守望，則略有兵農合一之傾向；然亦僅有此傾向而已，不能遽謂之徵兵也。

仁宗時，籍河北強壯得二十九萬五千，揀十之七爲義勇，且籍民丁以補其不足。河東揀籍，亦如河北法。自是鄉兵始越其守望鄉里之範圍，漸與於國防之事；蓋鄉兵制究較良於禁兵廂兵，故經歲月則終有涇渭之見。英宗治平元年，宰相韓琦上言：『古者籍民爲兵，故其數雖多，而贍至薄。唐置府兵，最近古。天寶以後，廢不能復。今之義勇，河北幾十五萬，河東幾八萬，勇悍純實，出於天性，而有物力資產父母妻子之所係；若稍加簡練，與唐府兵何異？陝西嘗刺弓手爲保捷，其後揀放，所存無幾。且河北、河東，陝西三路，皆控西北，事當一體，請於陝西亦置義勇。』於是陝西三丁刺一，深山窮谷無得脫者，得義勇十三萬八千餘人；人情無不小擾，而國家蒙其長利。詔令既行，而司馬光多事好言，書生一孔之見，力持以爲不可；韓魏公古拙堅強，深知募兵終不若民兵可用，故雖語塞，而卒行其事不止。至是河北、河東、陝西三路鄉兵，遂堂堂獨當西北之一面，禁廂諸軍皆望塵莫及，其非我族類之蕃兵更無論矣。神宗熙寧三年，議以義勇入衞，而有慮爲變者。王安石曰：『今當平世，發義勇入衞，有爵賞祿利爲勸，而乃憂其爲變，豈篤論哉？大抵世人習見募兵，而不見民兵之事；故一聞此議，則不能無駭然。募兵之法不變，乃實可憂也！』又說帝曰：『臣以爲倘不能理兵稍復古制，則中國無富強之理。陛下若欲去數百年募兵之弊，則宜果斷，立法制令，本末備具；不然，無補也。』其言大見嘉納。由是鄉兵外司征戍，內值宿衞，兼禁廂諸軍之職事，漸幾於唐府兵之所任焉。

於時遂行荊公保甲之法：畿內之民，十家爲一保，選主戶有幹力者一人爲保長；五十家爲一大保，選一人爲大保長；十大保爲一都保，選爲衆所服者爲都保正，又以一人副之。同保不及五家者，附於他保。自外入保者，收爲同保。保有餘戶，俟滿十家，則別置一保。主客戶民二丁以上，選一人爲保丁；附保二丁以上有餘丁壯勇者，亦附之。不在禁內之兵器，許保丁習演，器亦自置。每一大保夜輪五人儆盜，凡告捕所獲，以賞從事者。同保中犯罪，知而不告者罰之；但非律所聽糾者，毋得滋擾。有窩藏強盜三人以上，經三日以上者，鄰保雖不知情，亦科以失覺之罪。具牌書各保戶數姓名，立於要路，使各互知、互衞、互糾、互報。法先行畿甸，既就緒，然後推之五路，遍行天下。明年，詔保丁均官試騎步射，分等以聞。安石之意，以爲『自生民以來，兵農爲一。男子生則以桑弧蓬矢射四方，明弓矢者男子之所有事；蓋耒耜以養生，弓矢以免死，皆凡民所宜自具。』自是民皆有組織，有訓練，有武裝，進可征剿，退可自衞，鄉兵之制進一大步。

韓魏公與王荆公相較，則荆公制密，魏公制疎；然魏公三丁刺一，荆公二丁取一，則用兵爲魏公簡，訓民爲荆公多，各有長短。其兵二十從役，四十五衞而不戍，五十還爲民而尙待非常之徵，六十乃免役，則魏公草創，荆公潤色者也。更番之制，近戍十日，使不廢業；遠戍二年，使不煩事；入衞三月，則以資京師閱試武藝，兩得其便。計民終身兵役，爲二年三月又十日，而邊事非常之役未算。司徵初爲司農，熙寧八年改隸兵部，而聽於樞密院。凡是則荆公所獨創焉。

（附表二十六）宋王安石制鄉兵徵發表

區分	保數	家數	平均丁數	二丁徵一數	司徵令者
保		十家	三十丁	十五	保長
大保	五保	五十家	百五十丁	七十五	大保長
都保	十大保	五百家	千五百丁	七百五十	都保正 副

魏公之義勇，荆公改爲保甲，實質無異，特訓練加密，組織加緊耳。元豐四年，詔五路義勇悉改保甲，愈暢行荆公之政，而舊募禁廂之兵益削矣。觀當時安石之言曰：『今爲募兵者，

大抵皆偸惰頑猾不能自振之人，爲農者皆朴力一心聽令之人，以此校之，則緩急莫如民兵可用。旣有保甲以代其役，卽不須募兵。今廂軍旣少，禁兵亦不多，臣願早訓民兵，民兵成則募兵當廢矣。』是年河北、河東、陝西、會校保甲，都保凡三千三百六十六，正長壯丁凡六十九萬一千九百四十五。其後更加獎勸，竟得七百一十八萬二千零二十八人。於是戍衛大備，國勢孟強。

（附表二十七）宋王安石制國民兵役表

役名＼年齡	二十歲後	四十五歲後	五十歲後	六十歲	更番
近戍	服	免	免	免	十日
遠戍	服	免	免	免	一年
入衛	服	服	免	免	三月
長徵	服	服	服	免	

魏公之刺義勇也，司馬光爲之梗，幸而無效；荆公之行保甲也，亦司馬光爲之梗，不幸而竟效。光固史稱通儒賢相者也；書生不解兵事，妄議大政，通云乎哉？挾新舊之黨見，爲異己之排除，乃以敗政，賢云乎哉？商君變法，躬逢尸解；荆公變法，亦遭腐儒鳴鼓之攻；人情之保守不進，社會之積重難返，有如是哉！設使保甲不罷，組織力求其廣，訓練力求其周，則唐之府兵復見，何遂召金人之禍？神宗旣崩，哲宗繼立，舊黨乘機竊發，而安石又死於江寧，以

致保甲成規爲司馬光、王巖叟……所謂元祐諸賢者摧擀務盡，無何乃有徽欽蒙塵之事，豈非人謀之不淑乎？其章惇蔡京之徒，雖以紹述新法爲標榜，然公忠器大精密堅決皆不若荆公，故每況愈下，亦無救於宋之危亡。政和以後，所募老疾者徒費廩給，少健者又多亢占，階級既壞，紀律又亡，至委閹豎握重兵，其士卒耗亡，則操瓢行乞之人皆募充伍；此諸狀況，豈保甲所有？又豈荆公所容也耶？哲人不作，良法已傾，金人挾兵不過萬餘，遂可長驅而南。於時內顧枵然，倉皇召天下兵勤王，而京師不守，勤王之卒又以募來而以潰去，雖周公、管子、武侯復生亦莫善其後矣。

南渡以後，名將輩出，而無可用之兵以資之。宰相若法王安石，則岳飛、韓世忠、劉錡、張俊、皆可爲漢之衞青霍去病，唐之蘇定方薛仁貴也。既有司馬光奏罷保甲於前，即勢必有秦檜主和於後；於是岳飛不得不殺，宋室不得不亡，可勝惜哉！吾謂唐之張說，宋之司馬光，皆罪不容誅！非偏激之詞，實按史而知之。

其時差強人意者，僅有王庶之練義士。庶知興元兼利路安府，籍諸縣良家子弟，號曰義士。以知縣爲軍正，尉爲軍副。日閱於縣，月閱於州。不半載，有兵八千，當事頗見功，故高宗紹興三十一年，乃有詔籍民爲義勇，蓋仿庶法，兼用韓琦王安石之舊。其法取於主戶之雙丁；十戶爲一甲，五甲爲一團，皆有長。擇一邑之豪爲總首。農隙教閱，官給其糧。時當凋散之餘，令行尋丈之地，得籍不過七八千人耳。然其時諸郡兵不待見敵而潰，所過擄掠甚於戎寇；獨義勇隨其帥進退，無秋毫犯，殆顧其家室門戶故也。持此制以方韓王，自是具體而微；而此七八千人者，保全固不少矣。

文天祥博通故實，飽經憂患，欲復古而未能，思報國之無由，乃別建一議，將於漢唐兵制之間，韓王成法之外，因時制宜，權爲方鎮以集民兵。法爲委數州立一方鎮，俾爲帥者就團結之，中凡二十家取其一人以備軍籍。一郡得二十萬家，則有一萬精卒；例而行之諸州，則一鎮之兵當不下二三萬。州郡見存之租賦，可以備兵食；見存之財，可以備軍需。古人推丁之法，或取之三家，或取之五家。今官收其米以就養，收其財以就用，既食其力，不當又重役其人；惟於二十家取其一，則衆擎易舉，號召無難。一鎮得二三萬人，當凜然不下一敵國；合諸路列鎮，精兵雖十餘萬可有也。此法果行，宋將日起；乃趙氏昏惰，置而不用。嗟乎！空坑之潰，潮陽之陷，過豈在公？知公高歌正氣之時，南嚮再拜，正有無窮之遺恨也！

至咸淳之季，邊報日聞，召募尤急，而應者日罕。所司執民爲兵，較唐楊國忠所演之劇爲更怪——或暮朝搜村，擇肥而噬；或甘言誑誘，予爵輒奪；或詐言買舟，候負販者羣至，即載之去；或購自渡工，令全船急趨所隸；或令軍婦冶容招誘，於路盡刺涅之。由是野無耕人，途無商旅，既無所慕，復無所擄，政府束手無策，坐待滅亡而已。其民之夜戒於村，日戒於途者，非戒敵，特戒官，官民如敵國，雖非漢奸，亦固異其心矣。於是軍進而民不從，寇來而野不清，偏安之業隨墮，蒙人乃入帝焉。

方宋兵之弱，則遼金爲特強。遼兵中有京州軍者，出自民間之丁籍。蓋遼起自東北，通國皆兵；凡民年十五以上，五十以下，無能漏軍册者；有事調遣，器皆自備。此與中國上古兵農之制略同，惟遼兵紀律特弛耳。金民亦無他徭役，壯者盡爲兵，平居以漁獵習爲勞事，有警則下令部內，及遣使詣諸貝勒徵兵。其賞罰較嚴明，將帥居士先，故史稱其世用兵無敵。大抵遼金兵民皆無區分，而人簡則立法亦簡，不似宋制鄉兵，動見學士大夫聚庭而訟，紛紛擾擾於千條萬緒間也。宋人議論未定，金兵已經渡河；乃知諸夏之築室道謀，不如樸人之居簡行簡。王安石勸神宗果斷行事，其預見亡國之禍哉！荊公神人，司馬光何敢望也！而遼金之後，亦均以廣行募兵之故，先後爲其外敵所絀；則又知收法賊道者，無地蔑有，張說司馬光又何足怪乎？

元之所以興，其兵制固有優於遼金者在，宋更無論矣。家有男子，十五以上，七十以下，無衆寡盡簽爲兵。十人爲一牌，設牌頭；上馬則備戰鬥，下馬則屯聚牧養。孩幼稍長，籍之爲漸丁軍；較漢武之羽林孤兒，苻堅之羽林郎，又進一步，蓋所制爲尤普也。所賴以馳馬中原，定鼎大都者，胥在是已。

(附表二十八)元人國民兵役表

年齡	軍名	人數	組織	頭目	服事
十歲至十四歲	漸丁軍	舉國男子			隨牌軍戰鬪牧養助副役
十五歲至七十歲	牌軍	舉國男子	十人爲牌	牌頭	有事則備戰鬪無事屯聚牧養

既平中原，發民爲卒，是爲漢軍。限年二十者充，六十五者免。其軍之組織運用，凡有八異：取諸侯將校之子弟充者，曰質子軍，故事以備宿衞，一也。取一戶一人充者，曰獨戶軍，故事以屯近畿，二也。取二三戶一人充者，曰正戶軍，故事以屯畿外，三也。取正戶軍之二三戶所餘丁充者，曰貼戶軍，故事在田以備正戶之補，四也。取邊地二十丁一人充者，曰戍丁軍，故事以戍邊城，五也。取邊地二十戶一人充者，曰戍戶軍，故事亦戍邊城，六也。取匠充者，曰匠軍，故事以供軍中工事，七也。取富商大賈之額外充者，曰餘丁軍，故事可以輸財代役而裕軍需，八也。其病死戍所者，百日外役次丁；死陣者，復一年；貧不能役，則聚而一之，曰合併；貧甚者，老無子者，落其籍；戶絕者，別以民補之以供役；奴得縱自便者，俾爲其主貼軍；其戶逃而還者，復三年；又逃者，杖之；投他役者，還籍：是爲元人免役緩役諸制。

(附表二十九)元民充兵種類表

兵種	充兵者	始役年	終役年	役事	備考
質子軍	諸侯將校之子弟	二十	六十五	宿衞	
獨戶軍	一戶一人	二十	六十五	屯近畿	
正戶軍	合二三戶一人	二十	六十五	屯畿外	
貼戶軍	正戶軍之餘丁一人	二十	六十五	候補正戶	

戍丁軍	二十丁一人	二十	六十五	戍邊城	至元間改十丁一人
戍戶軍	二十戶一人	二十	六十五	戍邊城	
匠軍	匠人	二十	六十五	供軍中工事	
餘丁軍	富商大賈之子弟	二十	六十五		此類外兵可以輸財贖免

至於地方守望之兵，則有弓手之設。內而京師南北兩城兵馬司，外而諸路府所轄州縣，均有縣尉司、巡檢司、捕盜所，皆置巡軍弓手，而其數有多寡不同。世祖中統五年，定制州縣城相離五七十里有村居及二十戶以上者，設立巡防弓手；不及二十戶者，依數差役。無有村居處，五七十里創立聚落村舍，亦須及二十戶數，其巡軍別設，不在戶數之內。關津渡口必當設立者，不在五七十里之限。本路諸邑人等戶內，每一百戶取中戶一名充役；若有失盜，勒令弓手定立三限盤捉。至元六年，從臺臣言，於諸路選年壯熟嫻弓馬之人，以備巡捕之職；數少者增置；任捕盜之責。仁宗延祐二年，從江南行臺請，各處弓手役滿三年者，能還爲民，別於相應戶內補換。

元祚短促，典書未備，而軍機重務，尤非樞密近臣職專軍旅者一二人之外所能知，其可考者僅此，大抵蒙古之初，極善制兵；成吉思汗之雄跨亞歐，非偶然也。觀其僅可考者，雖與成周漢唐不同，而寓兵於民之原則無異；其視石虎、苻堅、耶律、完顏，固鶴唳九皋，俯視蟲鳴草間也矣。而承平稍久，亦不免如唐人劣性，卒惰將驕，遂舉成法而逐墮之。其兵制既敝，其大業隨傾，無少假借，可謂捷如影響也哉！

明繼元起，其兵無所非募；中國徵兵之制，至是衰落甚矣。太祖洪武十四年，以一百一十一戶爲里，推丁多者一戶爲里長，十戶爲甲長，甲各另管十戶爲一甲。戶役一人，聽戶自舉。里甲長役丁皆歲一更，連者任之，而原則以十年爲一周。於城曰坊，近城曰廂，均同於鄉之里。其鰥寡孤獨不任役者，帶管於百十一戶之外。凡郡縣之弓兵，邊郡之士兵，皆取給焉。弓兵乃沿元代弓手，士兵則似宋代保甲。然太祖以後，有司編册不實不盡，徒辦其文耳；弓兵士兵，不過追呼里閭，徒逐雞犬而已。顧猶桑梓有情，以視朝廷大吏之所召募，其賢遠矣。論者曰：供億煩苛，其患一；思亂幸禍，其患二；僦居爲奸，其患三；思家易潰，其患四；驕橫虐民，其患五；明代之兵，靡不若是，僅弓兵士兵不與焉。然而弓兵士兵，固非明之正規軍也，內外咸輕視之，若不可登大雅之堂者，其亦冠履倒置之甚矣乎！

清代明而有中國；其入關前之制度，殆合種族國家爲一，而以軍法部勒之。太祖努爾哈赤天命時，部落初成，以旗色爲行軍用兵之標識；亦即以旗色爲部族之區分，爲人民之所隸屬：此八旗之制所由來也。先是，僅有牛彔——女眞人出兵校獵時，不計人之多寡，各隨族黨屯塞而行，謂之一牛彔。努爾哈赤始編三百人爲一牛彔，設章京領之；五牛彔爲一甲喇，亦置章京；五甲喇爲一固山，設額眞並左右梅勒章京領之。初有四固山，爲四旗，後擴而八之，兵遂盛，乃建元焉。固山額眞旋稱總管大臣，梅勒章京旋稱佐管大臣。入關後，八旗制不變，但總管稱都統，佐管稱副都統，甲喇章京稱參領，牛彔章京稱佐領。

其蒙人歸清者，丁壯初編入滿洲八旗；至太宗皇太極天聰九年，乃劃出另編蒙古八旗。而天聰七年，則令滿洲各戶有漢人十丁者，授綿甲一副，計點千五百八十斤，使依漢軍將領統之，以補滿洲各旗之缺額。崇德二年，始分出漢軍另立左右翼二旗，照滿例編壯丁爲牛彔。四年，擴爲四旗；每旗設領旗大臣一員，梅勒章京二員，甲喇章京四員，牛彔十八員。七年，又擴爲八旗；蓋生齒日增，新附又衆，其勢不能不加大組織也。

滿漢蒙二十四旗，在原則上均係先有民籍，後有兵籍，按冊徵調，與遼金元制相出入；其所以不同於周漢唐者，則八旗兵不習農事，專以軍中口糧爲活耳。然兵民不分，固優於唐之彍騎，宋之禁廂也矣。世祖順治以後，環境變遷，始漸失草昧之故態焉

清既爲中國主，八旗因貴族矣。驕侈淫惰，乃爲其自然性之結果；欲不腐敗，得乎？三藩亂時，八旗軍弱點乃大暴露於天下——如嘯亭雜錄所載衣衣道人言：「滿洲諸將，自尚善貝勒一路外，皆懷二心。有欲舉襄陽以北降者，賴蔡毓榮持之以免。故屯兵岳州城下，八年不戰，諸將皆閉營壘而已。」聖祖康熙初葉，蓋已敗壞至此。其後仁宗嘉慶四年，經略勒保劾白蓮教時，奏言：『健銳火器，兩營京兵，不習勞苦，不受約束，征剿多不得力；距達州七十里之地，行二日方至。與其久留糜餉，轉爲綠營輕視；請令撤回京，無庸續調。』則知旗人之世其

兵役者，又一蟹不如一蟹矣。

（附表三十）清旗民編軍表

軍名	轄部	人數	將領	備考
牛彔		三百人	佐領	丁壯按冊悉發皆有口糧故其後編數日增不復天命舊制
甲喇	五牛彔	千五百人	參領	
固山	五甲喇	七千五百人	都統　副都統	是爲一旗
八旗	八固山	六萬人		正黃鑲黃正白鑲白正紅鑲紅正藍鑲藍是爲八旗

八旗兵外，則有綠營；率由召募，更不足道。因是太平天國一呼而起，幾奪其九五之席。太平軍中，不乏賢達，編軍編民頗仿周禮鄉遂之法。其起廣西，徵教民入伍；被徵者輒令火其居室，挈全家以從。李秀成父故教民，以年耄執炊役，秀成則年二十八發前敵爲走卒，此其例也。所徵以萬二千五百人爲一軍。其所攻略之地，於各鄉徧置鄉官，命家徵一人，亦萬二千五百家爲一軍；並頒給所刊刻之軍冊，勸民塡註彙齊，詳造家口，呈送天京。然枝葉未成，內訌已起，石達開去，李秀成孤，乃卒爲清軍所絀。

絀太平軍者，非八旗，非綠營，而是鄉勇，此又大可注意之一事也。清之鄉勇，與宋之鄉兵，明之士兵，雖有相似之點，而不盡同其制。然功烈之偉，則後來居上。茲欲述咸同中興之鄉勇，不得不先述嘉慶剿匪與道光禦侮之鄉勇，以見其本源焉。

仁宗嘉慶元年，白蓮教起事川鄂，擾攘經歲，人民旣苦於流離轉徙，又切保護家室田園之心，於是自衞之鄉勇出，捍避之堡寨建。後官兵剿逐教匪，力有不逮，恆調鄉勇隨營征討；或竟以爲前鋒，而綠營八旗坐視其成。故鄉勇不僅守本土，且轉戰他處焉。其守者如襄陽、鄖西、竹山、竹谿、龍駒寨等處，皆有殊績；其戰者如劉清、尹英圖、孔繼榦等，亦著顯功；而羅思舉、桂涵、則尤成就其爲歷史上之人物。然淸廷對於鄉勇，不加優存；反於畏敵怯戰之綠營八旗，待遇爲佳——嚴如熤樂園詩集鄉兵行前後二篇，敍鄉兵當時之轉戰無前，戰後之零落山邱，而如鄭板橋所謂『諸侯壁上驚魂逋』之官兵也者，其生活乃適與鄉勇相反；歷歷筆下，讀之可以概見其餘。前篇云：『……黃巾十萬勢洶湧，來壓軍門雲不動，排弩架礮守壘營，將軍有令須持重；豈無中黃賁育士？軍令森嚴稟相奉。鄉兵憤怒火出鼻，大呼陷陣萬夫辟；頃刻驅狼若驅羊，諸軍鼓噪踵相繼。爬巖翻箐無處尋，巖懸削爪箐屯雲；憑高負險侮我軍，仰視隳帽徒怒嗔。將軍下令懸重賞，孰擒賊首銀千兩；幾輩貪賞不顧生，前者頂蹵後者上，藤繩累縛獻軍門，一軍歡喜得好仗。……』後篇云：『……五日十日道路雍，居人慄慄行人悚，聽說前途撤鄉勇。……中有一人獨悲咽，哀哀細從召募說：憶昔苗猖歲乙卯，烏巢河畔隨征討；蠻槍亂射白無虛，火伴都死一身保。聽說妖氛起荊襄，達州劇賊尤披猖；慚無顏面回故里，報名再吃鄉兵粮。夔府作軍探，湖北又河南；最後隨營過嶢關，輾轉黑河大巴山，老林白日無完衣，肘見踵決血流腓。一髒二十錢，甜米斗二千；披得包穀作晚饔，靑㭎樹濕燒不然。昨到興安城，粮船如魚鱗；又見守營卒，個個衣履新；殺賊要鄉勇，受賞偏說册無名。十年凱撤人已老，欲補新兵粮額少。賞金多被領旗抽，區區微勞誰見收？功不收，亦無愁；依然無面回鄉里，甘心老向南山死。』嘉慶鄉勇之結果如是；然其較八旗綠營爲可用，淸廷固知之矣。

宣宗道光二十一年，粵鴉片戰爭起。四月初十日，英軍千餘自四方礮台回泥城，而三元里民忽樹平英團之旗幟，一時鳴金揭竿而起者，聯絡百有三鄉，頃刻各處壯勇雲集數千人，四面設伏，誓與決一死門。英將義律聞變馳救，陷重圍不得出。鄉民愈聚愈衆，頓至數萬，殺英兵二百餘人。先是初七日，將軍奕山遣廣州知府余保純與英議和已定；至是義律移書告急於保純，保純以奕山命往解之，竟日，始挾義律出圍。十一日，奕山償英軍費六百萬元，授受已畢，鄉民復思奪英船而火之，以取償銀；義律懼，倩總督祁墳出示曉諭，衆乃解去。而佛山鄉勇攻英人於龜岡礮台，殲敵數十，又擊破應援之船。當事先後奏聞，詔責諸將：『調集各省官兵，何反不如區區鄉勇？其一律交部議處。』是時南海番禺二縣，更團結鄉勇，晝夜演練。義律偵知，竟不敢報復，翻然變計，去擾廈門。

道光二十二年，中英南京約成，開廣州爲五口通商之一，英應遣領事駐城理商務。粵人聞而詬病之，固執舊制不許夷商入城，且五口粵爲澳門而非廣州；合懇大府，不得答。明年，粵紳民傳檄遠近，大起團練，按戶抽丁，以百人爲一甲，八甲爲一總，八總爲一社，八社爲一大總；不藉官餉，不受地方官約束，浸浸乎與政府爲仇。相持至道光二十九年，英人仍堅欲入城，粤督徐廣縉乃密召諸鄉團練，先後至者逾十萬人。越日，英艦闖入省河，連檣相接，烟輪蔽天；廣縉自乘扁舟赴英艦，告以衆怒難犯。英人謀留廣縉爲質，而兩岸鄉勇呼聲震天；英人懼，請修前好，不復言入城事。

至文宗咸豐時，葉名琛督粤，處置失當，英法聯軍遂於七年十一月陷廣州而執名琛。時人爲之語曰：『不戰、不和、不守，不死、不降、不走，相臣度量，疆臣抱負，古之所無，今之罕有。』觀此可知名琛不能用鄉勇，殆殺才也！去林則徐、徐廣縉、何可以道里計哉？廣州既陷，北門外九十六鄉之民銳意規復。咸豐八年春，粤紳大會南海番禺之義民，設團練局於佛山鎮，主其事者，在籍侍郎羅惇衍，翰林院編修龍元僖，給事中蘇廷魁也。保衞之計，首嚴淸野，禁絕漢奸。惇衍等又親赴各鄉團練，得數萬人。揚言刻期攻城，英法軍聞而懼之。淸廷遣大學士桂良，吏部尙書花沙納，與英法議和，英法乃提解散粤東鄉勇爲先決條件，迫桂良等許之；於是粤人之銳意收復失地以雪奇恥者，一旦爲之頹然奪氣矣。

鄉勇經嘉慶剿匪，道光禦侮，而功用大著。故太平軍興，淸廷卽獎勵團練鄉勇以制敵。

如東華錄載咸豐三年正月諭內閣云：『嘉慶年間，川楚教匪蔓延數載，嗣後行堅壁淸野之法，令民團練保衞，旋就蕩平。卽今廣西湖南地方，多有團勇保護鄉里，賊不敢逞，且有殺賊立功者。況各處鄉村，良民多而莠民少；若得公正紳耆董理其事，自不至別滋流弊。著各該督撫分飭所屬，各就地方情形，妥籌辦理。無事則各安生業，有事則互衛身家。凡土著良民，各有產業，與其倉皇遷徙，拋棄田廬，轉不免土匪乘機搶掠，何如堅守鄉里，以子弟衛父兄，以家資保族黨乎？』江忠源之楚勇，羅澤南之湘勇，曾國藩之總統以成湘軍，與夫後來李鴻章之淮軍，皆由是而起。

國藩既創湘軍，作保守平安歌，其中分『莫逃走、』『要齊心、』『操武藝』三章；勸人民團結自衛，猶鄉守之意也。其時八旗兵之墮落無論矣，綠營又何能爲？——金和秋蟪吟館詩鈔秣陵關遇赴東壩兵有感云：『初七日未午，我發鍾山下；蜀兵千餘人，向北馳怒馬。傳聞東壩急，兵力守恐寡；來乞將軍援，故以一隊假。我遂從此辭，僕僕走四野：三宿湖熟橋，兩宿龍溪社，四宿方山來，塵汗搔滿把。僧舍偶乘涼，有聲叱震瓦；微睨似相識，長身面甚赭。稍前愼勿瞋，幸不老拳惹。婉辭問何之，乃赴東壩者；九日行至此，將五十里也。』曩者勒保謂八旗兵二日行七十里，不圖今綠營竟九日行五十里，尚敢叱聲震瓦以驕人，可謂愈出愈奇也矣！故國藩之兵，終不能始終鄉守，不得不出任時艱。至咸豐四年春，迫於朝命，乃率水陸兩軍萬餘人東下，始有事於中原。然其制仍以鄉人各統子弟兵爲原則，是以在宗法社會制度之下，卒能相依爲命，以收咸同中興之功焉。

清末袁世凱小站練兵，實湘軍淮軍有以啓之、王安石由鄉兵以轉移於保甲，是漸趨於兵農之合一；袁世凱由鄉勇以轉移於小站練兵，是愈趨於兵農之分離。欲立國於現代，而不行國民兵役之制，益見其速亡而已。故外侮日亟，國已不國，革命黨人遂不得不起奪其政，創建民國，冀挽狂瀾於旣倒。而領導革命者，則爲手定中國國民黨對內政策第七條『將現時募兵制度漸改爲徵兵制度』之孫中山先生也。

合觀自宋至淸，國民兵役制之衰落甚矣。中間惟韓琦之刺義勇，王安石之行保甲，與夫太平天國之編鄉制軍，羅惇衍等之國民禦侮，尙有景仰唐代府兵之趨勢；惜均曇花一現，莫觀厥成。至於遼、金、蒙古、滿洲之兵制，雖國民皆有兵役，終嫌離農特立，非寓兵於農之道。幸而時代鞭策，新國肇建，卒令吾人回復負荷其歷史之使命，則前途正有無量之樂觀焉。

七　結論

通觀全史，可使吾人得一概念：卽凡能行徵兵制者，必能克服他人；反之，必至敗亡。黃帝行之，遂禽殺蚩尤，北逐葷粥。堯舜得禹而行之，史記堯紀稱：『流共工於幽陵，以變北狄；放驩兜於崇山，以變南蠻；遷三苗於三危，以變西戎；殛鯀於羽山，以變東夷；四辠而天下咸服。』舜紀稱：『南交趾、北戶，西析枝、渠庾、氐羌，北山戎、息愼，東長夷、鳥夷，四海之內，咸戴帝舜之功。』啓承禹而行之，則克有扈。太康中康不行，則以失國。少康復禹啓之舊而行之，遂告中興。孔甲履癸不行，而諸侯卒歸於湯。湯行之以有中國。仲丁以後九世不行，而亂四起。盤庚武丁行之，殷乃再大。武乙辛紂不行，用覆其宗。文王行之，以定犬戎、密須……諸國。武王行之，遂代商爲中國主。成康行之，而越裳底貢，息愼來朝。穆王不行，則厲王奔死，且貽宣王羌戎之敗。幽王不行益甚，橫死驪山，而東遷王室遂衰。春秋戰國之際，齊晉秦楚行之以霸，六國諸侯不行而亡。漢初行之，文景時已四夷賓服，孝武時尤威加絕域；其後不行，乃有莽卓赤眉黃巾之禍。晉不行，則五胡十六國之亂不旋踵。南朝不行，而北朝拓跋宇文頗能行之，陳遂卒亡於隋。唐初行之，太宗高宗皆兵服萬國，武后婦人亦能敗吐番、破契丹。玄宗以後不行，則安史爲亂，迄於藩鎭專橫，終墟唐社。宋不能行，乃有遼夏金以逐為之患，蒙古以代有其國。明不能行，乃有一滿洲即足以制其死命。清不能行，則道光以來無日不呻吟於國際帝國主義鐵蹄之下。此其如影隨形，如響斯應，爲若何乎？

今吾國人，其甘心爲亡國奴則已；如尚有人心血性，則天良激發，當知救亡圖存之道，舍行徵兵莫由。現國民政府，已命令自民國二十五年三月一日起，實施兵役法矣。又於同年八月，由內政軍政二部，公佈兵役法施行暫行條例矣。其規畫周詳，不但超越漢唐，實駕成周而上；蓋斟酌古法，針對現實，又參考歐美各國之制，以滙集大成者也。國人讀吾書既竟，其必憬然有悟，不復駭然而驚；則今後當如何恪遵法令，踐履兵役，以制敵一時，而開利萬世者，其毋更俟乎曉曉也矣。

（附表三十一）中國現行兵役年限與各國比較表

國別	現役在營期限	[illegible]役年限
中國	半年　二年　三年	二十七年
法國	一年	二十八年
意大利	一年半	十九年
蘇俄	二年　三年　四年	二十一年
日本	二月　一年半　二年	二十二年

土耳其	一年半　二年	
比利時	十月　十二月　十三月	二十五年
捷克	十四月	三十年
丹麥	五月	十六年
芬蘭	十二月　十五月	三十五年
希臘	十八月	二十九年
荷蘭	五月半　十五月	二十一年
那威	四十八日　百〇二日	三十七年
波蘭	二年	二十九年
葡萄牙	十七月	二十五年
羅馬尼亞	二年	二十九年
塞爾維亞	十八月	二十九年
西班牙	二年	十八年
瑞典	百四十日　二百日	二十二年
瑞士	四十二日　九十二日	二十八年

夫恪遵法令，乃國民之天職；兵役之不可不踐履，亦猶之賦稅不可不繳納也。納賦則習之而安，服兵則不習而避，豈合理乎？雖然，徵兵制行，不過兵員上之準備充分而已。其他必須與此配合者，尙有如下之各項：

戰略上與戰術上之準備，一也；

物料如馬匹、馱獸、兵器、彈藥、車輛、飛機、裝備、給養等等之準備，二也；

人員如指揮官、幕僚、各級官長等等之準備，三也；

財政上之準備，四也；

交通技術上之準備，五也；

外交上之準備，六也；

工業上之準備，七也；

農業上之準備，八也。

凡此諸端，必與徵兵相配合，始能完成國家總動員之意義；而徵兵亦必得此配合，方克負荷其現代之使命。國民政府於此諸端，或措之已成，或行之方厲，可覆按其頻年之施政而知。然諸端者，仍以徵兵之暢行爲基本；則拱辰之治，不能不有望於國人之曉然無疑也。天下興亡，匹夫有責；皮之不存，毛將安傅？我五萬萬之同胞乎！其共勉旃！

附錄 一

兵役法

民國二十二年六月十七日　國府公布
國府命令自二十五年三月一日起施行

第一條　中華民國男子服兵役之義務，依本法之規定。

第二條　兵役分左列二種：

一、國民兵役；

二、常備兵役。

第三條　男子年滿十八歲至四十五歲，在不服本法所定之常備兵役時，服國民兵役，平時受規定之軍事教育，戰時以國民政府之命令徵集之。

第四條　常備兵役，分爲現役，正役，續役。

平時徵集年滿二十歲至二十五歲之男子，經檢定合格者入營服現役，爲期三年；除上等兵及各種特業兵外均滿二年歸休。輜重運輸兵滿半年得歸休。正役以現役期滿退伍者充之，爲期六年。平時在鄉應赴規定之演習，戰時動員召集回營。續役以正役期滿者充之，其役期自轉役之日起，至滿四十歲止。任務與正役同。

常備兵在地方自治未完成之區域，得就年齡合格志願服兵役之男子募充之。

第五條 常備各役，在戰時得延長其服役期限。

第六條 關於兵役事務，及在鄉軍人各種事項，由軍政部內政部協同管理之。

第七條 關於國民軍事教育事項，由訓練總監部內政部教育部協同管理之。

第八條 爲前二條各項事務之準備及實施，應就全國地方劃定師區、團區，於區內設置必要機關掌理其事。

各地方官署及自治機關，對於前項所載各事項，有依法令協助辦理之責。

第九條 左列各事項由主管官署規定之：

一、常備兵之徵募與退伍及回營事項；

二、常備兵之服役事項；

三、徵募兵之檢查事項；

四、國民軍事教育事項；

五、國民兵戰時徵集之準備實施，及服役之規定事項；

六、在鄉軍人之管理及召集事項；

七、關於師區團區之事項。

第十條 國民施役及常備施役之免役緩役事項另定之。

第十一條　關於海軍之施役另定之。

第十二條　本法施行日期以命令定之。

二

兵役法施行暫行條例修正草案

二十五年八月內政部軍政部公布
二十七年四月軍政部修正奉　軍事委員會四月五日辦一字第九六九號指令核准

第一章　總則

第一條　本條例根據兵役法，規定兵役之施行事項。

第二條　中華民國男子服行陸軍兵役，遵照兵役法及本條例之所定施行。海軍空軍之兵役，依照兵役法幷準本條例施行，其有特殊事項另定之。

第三條　本條例主要用語之釋義如左：

(甲)關於年齡者：

(一)兵役年齡（下簡稱役齡）——即依法定須服兵役年齡之總稱（自年滿十八歲起至滿四十五歲止）

(二)及齡——年齡屆及某種兵役之謂（例如年滿十八歲爲國民兵役及齡，滿二十歲爲常備兵現役及齡，滿四十歲爲常備兵除役及齡，餘類推。）

(三)逾齡——年逾所定年齡之謂。

(四)適齡——在適合服役年齡之謂(例如自年滿二十歲至屆滿二十五歲之期間，均爲常備現役入營之適齡。)

(乙)關於服役者：

(一)起役——服役開始之謂。

(二)轉役——轉換役期之謂(例如由現役轉入正役，或由常備兵役轉入國民兵役。)

(三)轉期——國民兵轉換役期，及常備正役續役，由前期轉入後期之謂。

(四)停役——停服兵役之謂。

(五)除役——解除兵役義務之謂。

(六)延役——延長服役之謂。

(七)緩役——展緩入營年期之謂。

(八)免役——免除兵役之謂。

(九)禁役——禁止服兵役之謂。

(十)回役——回復服役之謂。

第二章 國民兵役

第四條 凡有中華民國國籍之男子，自年滿十八歲起至屆滿四十五歲止，除在服常備兵役之期間及依本條例第二十七條第二十八條規定，爲免役或禁役者外，均服國民兵役。

第五條　國民兵役分爲義勇國民兵，甲種國民兵，乙種國民兵三種。義勇國民兵，以曾受國民兵教育及備補兵教育者服之。甲種國民兵，以曾服常備兵續役已滿而未滿四十五歲者服之。乙種國民兵，以年滿十八歲至四十五歲而未受軍事教育者服之。國民兵義勇壯丁隊管理規則另定之。

第六條　國民兵役之服役區分如左：

(甲)國民兵役初期——二年

自兵役及齡起役至常備現役及齡止（卽自年滿十八歲起至屆滿二十歲止。）

(乙)國民兵役前期。——凡在常備現役入營之適齡期間，而未服常備現役者（卽自年滿二十歲起至屆滿二十五歲止。）或由常備現役而轉入者；皆屬之。

(丙)國民兵役中期——左列人員，自年滿二十五歲起，至四十歲屆滿止，皆屬之。

(一)依本條例第二十九條所定，爲對於常備兵役之免役者。

(二)至常備現役逾齡，而未入營者（卽年滿二十五歲以上者。）

(三)在服常備役期中，而依本條例第二十條第三款及第三十二條第四款所定，而轉爲國民兵役者。

國民兵役中期，又區分三期如左：

(一)中一期——自年滿二十五歲至三十歲屆滿。
(二)中二期——自年滿三十歲至三十五歲屆滿。
(三)中三期——自年滿三十五歲至四十歲屆滿。
右列國民兵役中期，合計爲十五年。凡由常備兵役而轉爲國民兵役中期者，其期次及年限，依年齡計算同前。
(丁)國民兵役後期——五年。
自服滿國民兵役中三期起，至屆滿四十五歲止，期滿除役。
常備兵服滿續役後，亦轉入本期，期滿除役。
第七條 凡服國民兵役者，應受左列之國民兵教育：
(甲)基本教育——在國民兵役初期行之，每年一個月，合計二個月。
(乙)正規教育——在國民兵役前期第一第二兩年行之，每年一個月，合計兩個月。
(丙)複習教育——在國民兵役中一中二兩期內施行之，於每期中各爲一個月，合計二個月。
前項各期教育，如在所定之年，或期內，未參加或未完成者，於其次年次期補成之。在中三期有必要時，亦得行複習教育。
第八條 國民兵教育，通常就所在城市鄉鎮施行。或集合於附近軍隊施行之。
第九條 爲警察及其他之地方團隊，其所有軍事教育之時間程度，與國民兵教育相等或在以上者，得視爲與國民兵教育相當。或以國民兵教育分配於是項機關施行。凡在受該種教育中者，與參加第七條之國民軍事教育同。

第十條　凡各級中等學校軍事教育，均視爲國民兵教育。

凡在校學生不論兵役及齡與否，均有受所定軍事教育之義務。

凡高級中學及同等學校學生，受前項軍事教育期滿並經集中軍訓三個月及格者，得爲預備軍士；不及格者爲國民兵。如及格者志願服常備兵現役軍士時，其進級期間以對於一般所定減半爲準。

凡初級中學及同等學校學生，受本條第一項軍事教育期滿及格者，至服常備兵役時，在下士以下之進級期間，以對於一般所定減半爲準；其不及格者，仍依一般所定。

第十一條　凡專科以上學校學生，應受規定之學校軍事教育。並集中訓練施以備役候補軍官佐教育三個月，未受高中集中軍訓者爲六個月。其期滿者，服役如左：

甲、學校軍事教育及格，並經備役候補軍官佐考試及格者，得爲備役候補軍官佐。但任用時仍須先受短期訓練。其服役準照軍官佐服役條例之所定。

乙、學校軍事教育不及格者，與學校軍士教育及格而備役候補軍官佐教育尚未期滿，或備役候補軍官佐考試不及格者，得依第十條第二項所定，保有預備軍士之資格，其服役準照軍士服役之所定。

第十二條 前兩條所定各級學校軍事教育之標準如左：

甲、初級中學與國民兵基本教育相當。

乙、高級中學完成國民兵教育，並養成其具有預備軍士之能力。

丙、大學及專科學校複習增進高級中學所受之教育，使其具有備役候補軍官佐之程度。

第十三條 前第十第十一兩條各項學生，入養成常備軍官佐軍士之教育機關時，其服役依照本條例第二十五條第二項之所定。

第十四條 國民兵平時應受教育或點閱召集；在非常時期應受戰時或事變召集，以補充常備兵之不足，或任後方之守備等。但中等以上學校學生，在學中之及齡者，對於戰時或事變得予緩召。其未及齡者，概不受戰時或事變之召集。

第十五條 各期國民兵，在受教育或召集中，依第六條所定，而屆轉期者，依次轉期，仍繼續教育或服務。

國民兵後期在召集中，而因戰事或守備勤務及災變等，不能除役者，得以軍政部長之命令，規定期限，令其延役。

第十六條 本章所規定國民兵各種教育，均以國民軍事教育實施之。國民軍事教育綱領及施行細則，由政治部會同軍政部內政部教育部訂定之。

第三章 常備兵役

第十七條　常備兵役，區分為必任義務制與志願制之二種如左：
（甲）必任義務常備兵——依兵役法第四條第二項之所定，在一般地方實施之，稱為徵兵。
（乙）志願常備兵——依兵役法第四條第三項之所定，在自治未完成之區域施行之，稱為募兵。
前項徵兵與募兵，對於地方及時間之適用，由國民政府以命令定之。
第十八條　現役兵為期三年，在營時受正規之軍隊教育。但除上等兵，特種兵，特業兵外，其餘均滿二年歸休。又輜重運輸兵則視需要，滿半年得予歸休。備補兵則集中在營教育三個月，期滿予以歸休，聽候召集補充。現役期滿，轉為義勇國民兵。
第十九條　凡在初級中學軍事教育期滿，及壯丁正規教育完成，與在地方保安團隊服役六個月以上，正式退伍者，除運輸兵外，得縮短其在營期間六個月。
第二十條　現役兵之留營及歸休，規定如左：
（一）應予歸休之現役兵，志願留營而服滿三年之現役全期者，得於期前報告部隊長，經師（獨立旅）長准許，得予留營。但以不逾應歸休全額十分之二為限。
（二）上等兵特種兵特業兵，在營滿二年而請求歸休者，經部隊長轉請師（獨立旅）長核准後，亦得准其歸休。但人數以不逾各該種兵總數十分之一，並須於教育勤務均無妨礙為限。
（三）現役兵在營一年未滿，而因疾病事故請假，經師（獨立旅）長核准者，轉為甲種國民兵役。已滿一年以上，經准假，而體格尙堪服常備兵役者。准予歸休，稱爲早休兵；其不堪服常備兵役者，轉爲甲種國民兵。

（四）屆歸休之期，而因戰事或其他緊急事變與重要勤務等，得依軍政部長之命令停止歸休。

第二十一條　現役期滿，不問其在營或歸休中，均一律轉爲正役，爲期六年。正役期滿轉爲續役。至年滿四十歲轉爲甲種國民兵。

正役續役，各分前後二期如左：

正役前期——自第一年至第三年。

正役後期——自第四年至第六年。

續役前期——自第一年至第四年。

續役後期——自第五年以至期滿。

第二十二條　服正役及續役時，平時均不在營，惟赴規定點閱及演習、戰時應受戰時或事變召集。

前項點閱，每隔年一次。其演習通常在正役之前後兩期，每期各一次，每次半個月，合計二次。但必要時，得增減次數及各次之日期。又必要時，則在續役後期，亦須召集演習。

第二十三條　現役兵期滿而志願延長在營服役者，得於期前報告部隊長，依次項之規定，經師（獨立旅）長之核准，予以留營，爲長期現役兵

長期現役兵之規定如左：
(一)年齡最大以未滿三十歲爲限。
(二)須體格強壯，品行端正，學術優良。
(三)自原定現役期滿起，延長至六年以內爲限。
(四)留營人數以不逾應退伍全額十分之二爲限。
長期現役兵，延長在營之年數，通算於其正役期內。
第二十四條　現役期滿而因在戰爭中，或在服守備勤務，或因緊急事變及災患等而留營者，自現役屆滿起，仍依規定轉役。其留營期限，由軍事最高長官以命令行之。
正役續役者，在召集中，而遇前項情事時，仍在營服役，其役期按原定期次遞轉之。
第二十五條　國民在役齡中，而入軍事教育機關。受常備軍官佐候補教育或軍士預備教育者，其服役依該軍事教育機關之所定。
入前項軍事教育機關，經畢業而任官或補充軍士者，以後之服役，依照軍官佐軍士服役之所定。其未予任補者，或未畢業而離該教育機關時，除特有規定外，仍在原役。
第二十六條　現役兵拔充軍士者，其進級後之服役，另定之。

第四章　免役禁役緩役及停役

第二十七條　兵役適齡之男子，有左列情形之一者，對於各種兵役均爲免役與除役

(一)身體畸形殘廢或有不治病者。

(二)受特任職務者。

第二十八條　兵役適齡之男子，有左列事項之一者，對於各種兵役均爲禁役：

(一)判處無期徒刑者；

(二)褫奪全部公權終身者。

已在服役中而遇有前兩款之一者，予以除役。

第二十九條　現役適齡之男子，有左列事項之一者，得免常備兵役，而服國民兵役：

(一)體格等位不適於現役者。

(二)於家庭爲獨子者。

(三)本身歸化者。

(四)僑居外國而有正當職業，回國時已逾現役適齡者。

(五)高中或同等以上學校畢業者。

(六)受簡任職務者。

第三十條　現役及齡而有左列事項之一者，得展緩其入營之年期，稱爲緩役；

(一)依國家官制由中央及省府授予委任以上之現任官職者（按原文爲『在初級中學或同等學校肄業中者』後軍政部渝役常五二七號訓令删改）。

(二)有正當事業在國外旅行，短期內未能回國者。
(三)身體疾病不堪行動，在數月中無健復之望者。
(四)主任官公事務，及現任小學以上教師，經登記合格者。
(五)因刑事嫌疑在追訴中，尚未判決者。
(六)同胞半數現役在營者(單數時減一人計算)。
前項緩役者，仍受國民兵役之教育及召集；至原因消滅時，仍按期入營。但(一)(二)款緩役者，最大限展至滿二十三歲止，至二十四歲仍應入營服役。
第三十一條　凡父兄俱無或年老殘廢，若本人被徵集爲現役兵，則其家庭即不能維持最低生活，而有保甲長證明經徵兵官查明確據時，得酌予緩役，以二年爲限；但故意假造事實者，不在此例。
第三十二條　在各種兵役服役中，有左列事項之一者，停服兵役：
(一)被選爲國家或地方之議員或代表，在任期內者。
(二)判處有期徒刑在執行期中者。
(三)現役中身體疾病，不堪行動，在半年內無健復之望者。
(四)受薦任委任職務者。
前項停役者，至原因消滅時，仍行回役。但(四)款祗停服常備兵役。

第三十三條　凡國籍有疑義者，對於國民兵役之起役及現役之入營，均予緩役。如在服役中，則予停役。疑義消失而經確認時，則予起役或回役。

第三十四條　停役者回役時，其所應回之役次如左：

（一）在各役中停役者，依其回役時之年齡及年次定之。

（二）如在回役時或在停役中，而年滿四十五歲者，則予除役。

第五章　在鄉軍人管理及召集

第三十五條　軍人除服常備兵役之現役在營者外，其他通稱為在鄉軍人，應受教育及演習點閱等召集，由主管機關依規定召集之。

戰時召集，以國民政府命令；事變召集，以該地方最高軍事長官命令；由主管機關召集之。

在鄉軍人召集規則另定之。

第三十六條　在鄉軍人，除受召集外，平時各自營其職業，但受規定之管理。

第三十七條　在鄉軍人如因地方情形，而有使服地方警備勤務之必要時，須以不妨礙第三十五條所定之召集為限。又如為長期勤務之擔任，則須依其志願。

第六章　兵役事務

第三十八條　兵役事務之關於軍政部主管者如左：

（一）徵募區域之規劃；

(二)徵募兵員之配賦；
(三)徵募機關之組織，及實施之辦法；
(四)常備兵之服役；
(五)歸休及退伍轉役轉期之處置；
(六)在鄉軍人之管理及召集之規定；
(七)緩役，免役，禁役，停役，回役，延役，除役之處置；
(八)兵籍事務之規定；
(九)國民兵之服役。

第三十九條　兵役事務之關於內政部管理者如左：
(一)國籍戶籍之確定；
(二)應服役者年齡及身家之調查；
(三)兵員退役後之調查安置；
(四)國民兵事務之處理；
(五)現役兵貧苦家庭之救濟。

第四十條　兵役事務之關於軍訓部主管者如左：
(一)常備兵及國民兵教育之計劃與監督；

(二)各種教育幹部之準備。

第四十一條　兵役事務之關於政治部主管者如左：

(一)國民軍事教育之推行；

(二)國民軍事教育幹部之準備。

第四十二條　兵役事務之關於教育部主管者如左：

(一)中學以上學校學生之調查統計；

(二)中學以上學校軍事教育與一般教育之連繫；

(三)中等以上學校軍事教育實施之事務；

(四)兵役教育之推行：

第四十三條　各部對於主管業務，與其他機關有關繫者，會同辦理，互相通報。

第四十四條　爲施行兵役事務，由軍政部劃分全國爲若干師管區及團管區，設置必要機關，掌理現役兵徵募及國民兵事務，與在鄉軍人之管理召集等事務。

各部隊及地方政府，與其所屬各級機關，各自治機關，對於兵役有關之事務，均按規定協同辦理。

第四十五條　爲施行徵（募）兵事務，各機關職掌系統如左：

(一)軍政部長及內政部長爲總徵（募）兵官，以軍政部長爲主體，統轄全國徵（募）兵事務。

(二)省政府主席爲總徵(募)兵監督，督飭所轄各師管區及縣(市)長，掌理本省徵(募)兵事務。

(三)師管區司令及民政廳長院轄市長首都警察廳長爲師管區徵(募)兵官，以師管區司令爲主體，掌理本師管區徵(募)兵事務。

(四)團管區司令及行政督察專員縣(市)長及院轄市之警察局長爲團管區徵(募)兵官，以團管區司令爲主體，掌理本團管區徵(募)兵事務。

(五)徵(募)兵事務處——每年於徵(募)兵期間，以團管區司令部人員爲基幹，調集常備師，縣政府，及有關機關職員組織之，掌理本區徵(募)兵事務。

(六)縣(市)長受團管區司令部之指揮，掌理本縣(市)之徵(募)兵事務。

(七)區、鄉、鎮長，聯保主任，受縣(市)長命令，督飭所屬掌理徵(募)兵之準備與實施事務。

第七章 徵募事務

第四十六條 中華民國之男子，年滿二十歲時，爲常備現役及齡。凡在現役及齡之前一年，均有受左列徵(募)兵區處之義務：

甲、身家調查；

乙、身體檢查；

丙、抽籤；
丁、徵（募）集。
前項調查檢查及徵募事務，其規則另定之。
本條之調查檢查在施行募兵制之地方，僅對於志願服常備兵役者行之。
本條例實行之第一次調查及檢查時，凡年齡二十歲至屆滿二十五歲者均得行之。
第四十七條　在徵兵區內各家長於家屬中由上年十二月一日起，至本年十一月三十日止，有年齡二十歲之男子，應於本年四月一日起至四月十日之間，切實呈報，經由保甲長及鄉鎮負責轉呈於區長。本人為家長時亦同。
但在募兵區域，則於二月及八月初旬行之。
現役適齡與國民兵初期適齡者，志願服現役時，其呈報手續與第一項同。
第四十八條　為徵（募）兵員便利計，於師團管區為徵（募）兵區，及徵（募）集區，並得適宜分為數個檢查區，流動行之。
第四十九條　每年應將徵（募）現役兵之人數由軍政部配賦於徵（募）兵區後，更配賦於徵（募）集區，於本區應受身體檢查之預定數為其準而施行之。
第五十條　依前條配賦之兵員，以就本籍徵集為原則。如長期移住國內他徵兵區時，則就移住地徵集之。如移住地非徵兵區域，仍在本籍徵集之。

第五十一條　徵（募）兵，身體檢查，以在本籍行之爲原則。如移住他處時，則就該地方應受管轄之官署行之。如應受檢查之年，因故未受檢查者，於次年補行之。

第五十二條　已受身體檢查者，按如左區分處理之：

一、適於現役者，以現役兵及備補兵之順序徵（募）集之，並以體格等位同一者，分別兵種，依抽籤法而定徵（募）集之順序。

二、適於國民兵役而不適於現役者，平時不徵集入營。

三、不適於兵役者，免除兵役。

四、難以判定兵役之適否者，予以緩役，次年仍施行徵兵檢查。

第五十三條　應受徵兵檢查者，依規定不適於兵役之重病或精神病異常時，根據正式醫生之證明文件，經該地方長官查明確實不能行動者，得免身體檢查，而酌免（緩）其兵役，其餘概須到場受檢。

第五十四條　凡已緩役者及年滿十八歲至屆滿二十五歲之壯丁志願服現役者，依第五十條所定徵集之；但不加入一般之抽籤，僅行額外抽籤，以定其徵集之順序。

第五十五條　現役兵入營，以十二月一日爲正規期；必要時得以六月一日爲募集補助期。如因地方情形及季節等關係，而須加以伸縮時，以不逾十五日爲限。

第五十六條　現役兵應入營者，因疾病或其他不可避免之重大事故，至入營日期而不能入營，須呈請核准後延期入營，以一個月爲限。屆時如仍不能入營，須呈請核准後予以緩役，於次年更受徵兵檢查。

第五十七條　現役兵入營後，於六個月以內發生缺額時，得按次以備補兵補充之。

第八章　附則

第五十八條　本條例之實施各規則，另定之。

第五十九條　違犯兵役各項罰則，另定之。

第六十條　本條例自公佈日施行。

三　現代列強之兵役制度

(一)蘇俄兵役制度

蘇俄兵役之規定，在勞農憲法第十九條（一九三一年改正），及聯邦內蘇俄共和國憲法第十條所載：『爲極力擁護偉大勞農革命之成果，對於保持蘇俄聯邦社會主義之祖國，是認爲國民全體之義務。故制定普通義務兵役制，持武器而擁護革命，實爲最名譽之權利　是以勤勞階級與其他人，均應執干戈而服軍務也。』根據此種制度，乃於一九二二年頒佈義務兵役令。實行以後，認爲有改正之必要，遂於一九二五年九月又發表蘇俄聯邦徵兵令。及一九二八年至三

○年，復有修正。其要點述之如左：

一、凡人民皆有擔任國防之義務，勞動階級擔任武力的國防職責，非勞動分子擔任別種之兵役義務。

二、服役年限，由十九歲至四十歲，勞動婦女亦得充爲義勇兵。服役年限分左列各種：

(1)徵集前教育　二年（此間約受兩個月義務軍事教育。）

(2)現役　五年

(3)第一預備　九年

(4)第二預備　六年

三、前項之現役兵中，復分爲左列各種，並施以在營教育：

(1)現役五年中在營二年（但國家保安部軍隊中之特種兵，則酌量增加其在營年限爲三年至四年。普通海軍在營期限爲三年，特種海軍則四年。）

(2)現役五年中退休三年（現役中一部爲養成國家所必要之軍需工業上核心計，可使其服務二年於工場中，亦須使其同時並受軍事教育之訓練。）

(3)現役五年間，教育時期步礮兵八個月，騎兵十一個月。

(4)隊外現役（正式軍與民軍以外者皆屬之），則於五年間須施以軍事教育六個月。

四、預備役受三個月召集教育。

五、在憲法上失去選舉被選舉權者，由二十一歲至四十歲，若志願充國民兵或義勇軍者，准其入伍。

要之：蘇俄兵制，乃全國皆兵制度之最徹底者也；比之歐美列強，實有過之，而無不及。蓋歐美列強曾受軍縮問題等之影響，皆縮短在營年限；而蘇俄新兵役法，其正式兵在營年限，竟由二年乃至四年。又於專門以上學校，施行義務的軍事訓練，或軍需工業義務化等；實為蘇俄軍備特異之點，而為他國所望塵不及也。

（二）美國兵役制度

美國自獨立戰爭以來，即以義勇民兵制度為兵制之根本，迄今始終一貫者也。茲述其概要如左：

國防採取舉國一致之行動。凡美國市民若體格健強之男子，均有民兵之義務。

美國民兵制非強制的，係人民自由的應募；蓋基於美國建國以來自由之精神，依人民自覺自動，而採用志願兵制。故平時保持最小限度之常備兵，有事之際，立刻即能編成所需要之大軍。美國自行此種制度，由其獨立戰爭以來，許多之經驗，卒於開戰時臨時募集民兵以補充正式軍之不足，而達其戰爭最後之目的。然此種制度之通弊，結果軍事能力之低劣，因志願者之過少而補充感覺困難。美人鑒於此種經驗，遂有提倡強制徵兵之必要，與增大常備軍之主張。及參加第一次世界大戰，美國始制定徵兵令，而有強大徵兵軍之編成。其在戰前不過十二萬之常備兵，而戰爭開始後一躍而爲三百五十餘萬，此殆舉世周知之事也。

美國戰後關於兵制問題議論紛紛，陸軍參謀本部及上下兩院軍事委員會均認爲徵兵制度在所必行，並提出一般國民軍事訓練案於議會，以及大總統之徵兵權問題，一時社會輿論及識者亦多同情。然卒因議會標榜『舉國民全力應注意於經濟方面』之政策，而遂否認前項議案，後仍恢復戰前之志願兵制矣。

美國陸軍之補充與其服役種類如左：

正式軍士卒，由十八歲至三十五歲之志願者，並體格檢查合格者，始准爲正式軍。服役三年與一年兩種（但服役一年者甚少）。又再服役三年爲一期。

護國軍士卒，與正式軍取錄法制相同。服役爲一年三年兩種，再服役一年爲一期。

（三）英國兵役制度

英國兵役爲志願制度。其所以不採行徵兵制者，實由於歷史上國民性習慣使然也。人民富於自由思想，不樂有強制命令之執行；同時對於傳統之義勇兵制，英人向引爲自豪，蓋平時志願兵制實適於英之國情也。

正式軍募集十八歲以上二十五歲以下之壯丁充之，其服役爲十二年，分現役預備役二期，若志願服務現役全期者聽。又兵役期已服至十二年者，亦可接續服務。而現役及預備役之募兵狀況，因海外駐兵之派遣與交替關係，有時稍有出入。現役七年，預備役五年者，是平常最普通之方法也。其初一年爲受教育期，後三年爲海外又國內交替服務也。至於地方軍由十七歲以上募集，其服務期限爲四年；若志願繼續當兵者，可延期一年以至四年。其當兵最終年齡，規定以三十八歲爲限。

英國當第一次世界大戰時期，感覺志願兵制之欠缺；且鑑於國家防衛之任務，係屬國民全體之負擔。爲軍事教育，國民體力及精神上之徹底收效起見，結果非力行徵兵制不可。當時識者亦多如此主張。而陸軍首腦洛巴滋元帥，尤力行提倡，深喚起國民之注意。及開戰後一年，遂實行徵兵制。而戰局終了同時，又復原則，而停止徵兵制度矣。然鑒於大戰之經驗，英國上下無不痛感於國防充實之必要。雖停止徵兵制，而對於軍備內容之充實改善，努力於軍隊之建設，及國民軍事預備教育之徹底普及以收國民皆兵之實，而作戰爭之軍備擴大準備，殆屬最明顯之事實也。

（四）法國兵役制度

法國於一八七〇年普法戰爭後，卽施行國民皆兵主義之徵兵制度。蓋法國鑒於該役之敗，確由於招募制度之不良，所有職業軍人之弱點殆盡行暴露無餘，於是深覺有改革兵制之必要。換言之：卽對德報復必須實行徵兵制也。以後法國兵役法曾經若干之修改，至二十世紀初，因當時國際關係情勢比較緩和，所謂和平主義遂見抬頭，法人對德報復心理亦漸減低，對國內感覺社會政策有極力進行之必要，於是於一九〇五年兵役法施行改正，卽三年兵役改爲二年是也。然因兵役縮短之結果，法國軍隊之素質，遂漸行低下。又因二年兵役對於國防之鞏固深感不足，一方面受德國軍備鼎力擴張之威脅。至一九一三年間德法情形達於非常緊張，戰爭終有不可避免之勢，於是法國上下均感不安，而對兵制改革之論復興，是年乃又恢復三年兵役法。及第一次世界大戰後，德國一敗塗地，法國無復顧慮，而國際和平之聲浪逐日勃興；加以戰後財政之困難，與國際軍縮之呼聲膨脹，兵役法遂又受影響。又以人口減少，勞働力不足之關係，至一九二三年春，乃頒佈一年半在營兵役法至一九二八年春，又改爲一年在營制。茲將其現行徵兵令之兵役法年限分列於左：

現役（在營）	一年
歸休	三年
第一預備役	十六年
第二預備役	八年
共計	二十八年

蓋法國常備軍之任務，是始終以對德作戰爲基調，由大戰迄於今日殆無何等改變者也。尤其對於德國之復興，而盡力防範，如國境之掩護，殖民地之保守，軍隊教育之改善，及動員實行之迅速等，非常注意，而認爲有多額常備軍之必要焉。因是之故，則其在營年限，縮短甚感困難。加以常備兵役之不足，遂招募土人兵及外兵二十萬，長期志願兵十萬，以補充之。

法國兵制因其對外及對內政策與社會政策之關係，事實上不能不有相當之改革。然對於義務的徵兵制，始終不能有所變更也。其新徵兵令第一條：『凡國民皆有當兵義務。』第二條：『有當兵義務者，皆受平等之待遇。』又：『不服兵役者以有疾病者爲限；但遇國家動員時，則應令其擔任行政與經濟各方面職務。』此種規定。卽法國徵兵制精神之表現也。

（五）德國兵役制度

德國自一八三三年，由普魯士王國採用徵兵制度；召集人民，授以短期教育之後，卽編入預備役。至威廉第一時，俾斯麥爲相，持鐵血主義，盡力擴張軍備，於是一戰勝奧，再戰勝法，而成立德意志帝國。

德國將兵役義務分爲數期，如常備軍、預備軍、後備軍、國民軍等役期是也。合計每期自十七歲壯丁起，至四十五歲止。在現役期內，名爲現役期。然各兵科之現役期不同：一八九七年以前之現役期，徒步部隊爲三年，乘馬部隊爲四年；以後卽改爲二年與三年。青年中如能證明受過特別教育，且其經濟狀況能自行擔負服役費用者，有服役一年之權利

在預備與後備役期內，又分第一期與第二期，隨常備軍役期之不同而各異。國民軍役在現役期以前者由十七歲起至二十歲止。在後備軍役以後者，大約由三十九歲起至四十五歲止。但兵制之區分，如預備後備國民等軍，第一次世界戰時已形陳舊無用；因凡有兵役義務者，均不問年齡，欲用卽用之。

第一次世界大戰失敗以後，從來一般兵役義務制，完全因凡爾塞條約限止而全然廢止。又對於志願兵之徵集，以及現役期間之延長，均有相當之約束，以防在鄉軍人之增加。因是德國之國際地位，一落千丈。但德人強毅不屈，故自希特勒執政以來，要求軍備平等，力圖施行軍國主義，恢復大戰前德意志之光榮。於是實行軍區制，將全國劃爲十大軍區：各軍區司令部，設有徵兵處，以使全德意志成爲兵團化焉。

（六）意大利兵役制度

意大利之兵役制度，亦取國民皆兵，義務平等爲原則。其新徵兵令於一九二三年改正，將在營年限規定一年半。意國自施行新徵兵制決定一年半在營制度以來，其對於各種國防上之要求，與社會政策之主張，互相綜錯，互相調劑。玆將其經過述之如左：

意大利在第一次世界大戰前，其兵制採用二年在營制。停戰後，於一九一九年十一月改爲一年在營制；但未至實行，旋於一九二〇年四月改爲在營八個月制。蓋當時陸相波諾爾鑒於國家財政與大戰之經驗，欲以最少之費用得戰時最大之兵力，故再行縮短在營制爲八個月，以期國內壯丁全部入營訓練。又設立士兵學校，普及入營預備教育。免除工卒雜役等勤務，俾實現國民武裝之企圖。然對於軍隊實際的勤務，平時警備之處置，與預備教育普及之困難等，於是又將在營制延期，乃於一九二一年恢復一年在營制。復因教育困難與戰鬥力之不充分關係，其結果仍歸到十四個月在營年限。

在一九二二年秋，墨索里尼內閣成立，實行法西斯主義，仍然以全國壯丁皆入行伍爲原則。因顧慮新軍隊教育，及戰鬥力保持上關係，乃施行一年六個月在營制，依此而發佈新徵兵令。其後一九二七年八月復行修改一部，因家族情形而有特種關係者，可縮短在營年限。然至一九三一年一月施行時，若有不受軍事預備教育者，則照軍事預備教育義務制度可加以限制。

(七)日本兵役制度

日本國民皆兵制之施行，蓋由大化革新而確立。由天皇之命令以整理軍制，於各諸藩設軍團，徵集其部下三分一壯丁，訓練而成兵。彼時兵力卽有可觀。後因國家無事，士氣漸衰，而兵農分爲二途，遂有專門武士之習氣。及明治五年發佈徵兵令，更徹底實行國民皆兵制，在日本憲法第二十條卽有：『日本國民皆有當兵之義務』之規定。其服役期間如左：

一、現役二年，其在營期間如次：

一般兵約爲二年(但步兵經青年訓練所之訓練，或受有同等之訓練者，經過訓練後，其時期一年六個月。)

輜重兵特務兵約二個月。

看護兵及磨工兵一年六個月。

補助看護兵二個月。

二、預備役五年四個月。

三、後備役十年。

蓋日本兵役之在營年限，由已往數次之改變，逐次縮短，達於現在之狀態。卽日俄戰役以前之三年在營制，至明治三十八年末，步兵改用二年在營制。此後關於其他各種兵，均改爲二年制。而騎兵於大正十二年，最後始改用二年在營制。至昭和二年改正兵役法，特規定步兵由青年訓練所畢業而檢定合格者，定爲一年六個月退伍。蓋如此在營年限縮短，則一般國民教育之向上，與青年訓練之結果，可使國民於最短期內完全受徵兵之訓練，且可減輕大批經費之負擔。而青年軍事訓練之結果，不僅使一般青年得提前受軍事之經驗，且能矯正其一切不正當行動與思想，誠一舉而兩獲也。後因九一八事變起，其軍部又有改革軍制之提議，蓋鑒於近代科學之進步，因而軍事教育之益行複雜，恐其現時在營年限太短，戰鬥能力逐日低下故也。

敬啟

『民國專題史』叢書，乃民國時期出版的著名學者、專家在某一專題領域的學術成果。所收圖書絕大部分著作權已進入公有領域，但仍有極少圖書著作權還在保護期内，需按相關要求支付著作權人或繼承人報酬。因未能全部聯系到相關著作權人，請見到此説明者及時與河南人民出版社聯系。

聯系人 楊光
聯系電話 0371-65788063
2016年3月28日